Lk 12 60

RAPPORT

FAIT

A L'ASSEMBLÉE COLONIALE

DE LA GUADELOUPE,

Le 10 Novembre 1790,

Au nom de la députation envoyée à la Martinique pour y établir la paix.

———

A PARIS,

De l'Imprimerie du POSTILLON, Rue Basse-du-Rempart de la Madelaine N° 22.

RAPPORT

Fait à l'assemblée générale coloniale de la Guadeloupe, le 10 novembre 1790, au nom de la députation envoyée à la Martinique pour y rétablir la paix.

MESSIEURS,

C'est avec douleur que nous paroissons dans cette assemblée, déchus des espérances de paix que nous avions portées à la Martinique, et réduits à vous entretenir de ses maux et de ses désordres : mais dans nos regrets, il nous reste une consolation ; c'est d'avoir comblé la mesure de nos devoirs : si nos efforts ont été vains, il faut l'attribuer aux circonstances des tems et à la disposition des esprits, qui ne nous ont pas permis de plus heureux succès.

Avant de mettre sous vos yeux le précis de nos travaux, il est à propos, Messieurs, de vous rappeller les faits dont l'enchaînement a conduit les habitans de cette colonie au déplorable état où ils se trouvent.

A

Ce récit jettera quelque jour sur le fond de leurs débats, et pourra mettre à portée de fixer votre opinion.

La ville de Saint-Pierre fleurissoit par sa richesse, l'étendue de son commerce et sa population. Dans le nombre des blancs qui l'habitoient, elle comptoit le tiers de l'île ; elle devoit, il est vrai, près de 30 millions à la métropole ; mais les habitans lui en devoient la moitié. Son commerce étoit exclusif ; son port étoit le seul qui admît les étrangers, et le seul entrepôt de la côte d'Espagne. Enfin on peut estimer que tous les dix ans, elle avoit le revenu net de la colonie.

A l'époque de la création des assemblées coloniales, celle de la Martinique avoit imposé aux habitans des villes et bourgs, une taxe de trente-trois livres sur chacun de leurs nègres. C'étoit un impôt sur le luxe : l'esprit de cette loi fut sans doute d'enlever aux villes une foule d'esclaves inutiles, et de les rendre aux campagnes, dont la culture est leur vraie destination. Le Fort-Royal se soumit à cette capitation ; mais Saint-Pierre refusa de la payer. L'administration voulut l'y contraindre, éprouva de la résistance, eut recours aux voies de rigueur,

éehoua dans cette tentative et se rebuta?
Mais la capitation ne fut modérée qu'en
1789. Alors l'assemblée la réduisit à 25 liv.
et les habitans offrirent de payer le sup-
plément nécessaire ponr remplir le million
imposé.

La nouvelle de la révolution qui a chan-
gé la face de la France, ayant été portée
dans cette colonie, avec les cocardes nationales, produisit les événemens qui vous
sont connus. Vous avez su quel trouble
occasionna le baiser donné par M. de Vioménil à un homme de couleur, au milieu
d'une fête publique, et dans l'yvresse de
la joie qu'excitoit la réunion de tous les
esprits. Les citoyens du Fort-Royal, té-
moins de cette scène, s'en étoient plaints
à la ville de Saint-Pierre ; un comité s'y
forma sur le champ et demanda une assemblée générale. M. de Vioménil convoqua l'ancienne assemblée coloniale établie
en 1787. Le nombre des députés des paroisses y fut doublé par des adjoints. Cette
session n'avoit pour objet que l'affaire du
général : l'assemblée se déclara incompétente
pour le juger. La session qui devoit avoir
lieu au mois d'octobre ayant été renvoyée
au mois de novembre, la convocation s'y

fit en raison de la population. Ce mode accordoit aux citoyens de seize ans, qui étoient portés sur un rôle de milice, le droit de voter. La ville de Saint-Pierre eut trente-sept députés. A l'ouverture des séances, un membre de l'assemblée avoit proposé de la diviser en deux chambres, l'une composée d'agriculteurs, l'autre, d'habitans des villes et bourgs de la colonie : il avoit été question aussi d'établir le mode de représentation en raison de la propriété, ou de prendre en considération la population des noirs et de les représenter dans la proportion de cinq à trois, ainsi que l'ont adopté les provinces du sud de l'Amérique : ces motions ne furent point reçues.. Quarante-deux membres qui avoient demandé que la convocation se fît par sénéchaussée, se retirèrent laissant leurs protestations sur le bureau. Quoique la ville de Saint-Pierre, par leur retraite, eut près du tiers des voix, l'assemblée n'hésita point à se déclarer compétente; elle invita les députés retirés de se réunir à leurs collègues; M. de Vioménil se chargea de les rapprocher, et il y parvint. Nous ne parlerons point du voyage que ce général fit avec eux à Saint-Pierre, pour se rendre aux instances de ses habitans, où, dans le même jour, il se vit l'objet des ressentimens et de l'amour du peuple; mal accueilli le matin et promené le soir en triomphe ; nous nous bornerons à suivre ici les travaux de l'assemblée.

Rentrée au Fort-Royal, elle s'investit provisoirement du pouvoir législatif, adopta pour principe que ses réglemens n'auroient force de loi qu'après avoir été sanctionnés par le gouverneur, à qui elle accorda le *véto* suspensif, comme au représentant du roi. Elle reconnut aussi que l'unité étant nécessaire à l'action du gouvernement, la fonction d'intendant devoit être supprimée comme inutile et onéreuse.

Pour la validité de ses délibérations , elle arrêta qu'il suffiroit de quatre-vingt-un députés présens : dans la suite, elle fut obligée d'en déterminer le nombre à soixante-cinq, à cause de l'absence de plusieurs représentans des paroisses; et comme ce nombre diminuoit tous les jours, elle se décida, peu de tems après, à se déclarer légale quand elle seroit composée de vingt-neuf membres. C'étoit cette composition que la ville de Saint-Pierre regardois comme inconstitutionnelle, quoique dans cette même assemblée elle eût joui de sa prépondérance , et qu'elle y eut obtenu ce qu'elle désiroit, sur-tout l'établissement des municipalités et la réduction de l'impôt de trente-trois livres pour la capitation des nègres.

En indiquant la session au 16 novembre , il avoit été arrêté qu'on s'y occuperoit de tous les objets relatifs à la prospérité de la colonie. Ce fut de cette assemblée, devenue célèbre , que sortirent les décrets dont se plaignent quelques paroisses , et qui ont excité leurs réclamations. Ce fut là que l'assemblée décréta le réglement sur les municipalités, l'ouverture des quatre ports de l'île, l'admission des Américains et celle du commerce de la côte d'Espagne dans tous les quartiers ; ces derniers décrets , sans doute, étoient peu favorables à Saint-Pierre ; mais dans la disette et la pénurie où se trouvoit la Martinique après un hivernage désastreux, et dans le vide de la caisse publique, l'abolition d'un régime prohibitif , et les facilités accordées au commerce, devenoient peut-être une nécessité. A la fin de cette législature, ses arrêtés furent présentés aux administrateurs. M. Foulon refusa de sanctionner le décret sur l'ouverture des ports. M. Vioménil déclara qu'il se croyoit obligé de se passer de son concours, et donna sa sanction à tous les décrets de l'assemblée.

Dans la dernière séance, un député du Mouillage proposa d'établir, comme en France, une loi martiale pour préserver la ville de Saint-Pierre des troubles dont elle étoit menacée. Cette motion fut discutée long-temps, et l'on se décida enfin à renouveller l'ancienne loi sur les attroupemens. L'impression de ce réglement étoit retardée par l'opposition qu'y mettoit M. Foulon : M. de Vioménil se hata de le faire enregistrer à la sénéchaussée avant même qu'il le fût au conseil. Le peuple croyant qu'on alloit publier une loi martiale, courut au greffe, biffa le réglement et le couvrit d'encre pour qu'il n'en restat point de trace. On forçoit les habitans à sortir de leurs maisons, comme dans une alarme publique. M. de Vioménil, au bruit de cette émeute, convoqua une assemblée extraordinaire ; elle se tint le 17 décembre. Tous les députés des paroisses s'y trouvèrent, hors ceux de Saint-Pierre qui rappela les siens et envoya ses protestations sur les précédens décrets. Ces protestations faites sept jours après la clôture de l'assemblée, étoient un peu tardives ; ses députés d'ailleurs avoient assisté à toutes les séances, et douze d'entr'eux avoient signé, le 10 décembre, le procès-verbal de sa clôture.

Dans cette nouvelle session on reconnut la nécessité d'ajouter au réglement sur les municipalités, les articles 31 et 32 qui soumettent, en cas de négligence ou de prévarication, les officiers municipaux à la dénonciation d'office, à la rigueur des tribunaux et à la responsabilité.

Saint-Pierre protesta contre ces articles ; mais le réglement, ainsi que plusieurs autres, fut enregistré au conseil. La fermentation des esprits s'accrut au point que l'on proposa aux paroisses, la scission des habitans avec cette ville, et l'assemblée envoya des lettres circulaires pour connoître, à cet égard, le vœu de ses constituans.

Certaines paroisses qui rejettoient la scission rappelèrent leurs députés ; d'autres protestèrent contre le projet ; il avoit effrayé les commissionnaires et les capitaines de navires qui étoient en traite. On la regardoit comme une banqueroute. Il fallut rassurer le public sur la fidélité des habitans à leurs engagemens, et le projet de scission n'eut point lieu.

Au mois de février arriva l'insurrection

des canonniers. Elle fut appaisée par la fermeté de M. de Vioménil et par le secours d'une somme de quatre-vingt-mille livres que M. Foulon avoit empruntée aux habitans de Saint-Pierre. Dans ce même temps, deux officiers du régiment de la Martinique furent insultés dans cette ville : les soldats du régiment menaçoient de l'envahir : l'alarme s'y répandit, et ce fut alors qu'elle fit le premier appel des volontaires des îles voisines. La Guadeloupe envoya une députation à Saint-Pierre ; M. de Clugny s'y joignit, et le désordre cessa.

Le comité intermédiaire, nouvellement créé, étoit chargé de rédiger les cahiers de doléance qu'on se proposoit d'envoyer à l'assemblée nationale, et ils devoient être soumis à l'examen de l'assemblée indiquée pour le 12 mars. Le comité pressa les paroisses de nommer leurs députés. De vingt-sept paroisses, il y en eut quinze ou seize qui se firent représenter. Saint-Pierre s'obstinoit à rejetter les articles 31 et 32 du réglement sur les municipalités. Quelques paroisses suivirent son exemple. Celle du Lamentin dont la campagne est très-peuplée et le bourg peu nombreux choisit son maire parmi les habitans : le bourg refusa de le reconnoître et se souleva : les habitans y coururent armés ; rétablirent l'ordre, et pour éviter de nouveaux troubles, ils proposèrent à M. de Vioménil une fédération générale qui fut adoptée de lui et de plusieurs paroisses ; la Grande Ance qu'on vouloit forcer à s'y ranger, prit les armes et demanda des secours à Saint-Pierre : cette ville y envoya cent cinquante volontaires ; d'un autre côté, une compagnie de chasseurs et un grand nombre d'habitans s'étoient portés à la Trinité : tout annonçoit une guerre civile ; mais la prudence des chefs parvint à l'appaiser

M. de Damas qui venoit de remplacer M. de Vioménil dans le gouvernement, étoit malade, et l'assemblée coloniale réunie à cette occasion avoit donné le commandement à M. Damoiseau, dans un conseil composé de tous les corps civils et militaires. La ville de Saint-Pierre, inquiète des dispositions de l'assemblée qui vouloit, disoit-on, soutenir ses décrets par la force, et sur le bruit qui se répandit d'une insurrection prochaine des gens de couleur, réclama, pour la seconde fois, le secours des volontaires de nos îles ; et la médiation de nos assemblées lui fut encore offerte. Les décrets de l'assemblée nationale, des 8 et 28 mars, venoient de parvenir dans cette ville. Vous vous rappelez, Messieurs, qu'une nouvelle députation de la Guadeloupe s'y rendit, présidée par M. le général : l'assemblée lui déclara qu'en considérant le décret national, quoiqu'il ne fut pas encore sanctionné, comme un moyen de conciliation, elle y trouvoit l'approbation de la marche qu'elle avoit suivie ; qu'elle étoit composée de la majorité des paroisses réunies sous la sanction des administrateurs, et que, dans les paroisses même dissidentes, un grand nombre de citoyens désiroit l'union ; que le mode de convocation provisoire d'après lequel elle étoit constituée, accordoit à la ville de Saint-Pierre dix-neuf députés sur quatre-vingt-un, et qu'on y devoit être satisfait de cette forte représentation.

La commune et la municipalité de Saint-Pierre répondirent par des inculpations contre l'assemblée, l'accusant d'être illégale, inconstitutionnelle, désavouée par la mojorité des habitans de la colonie, d'avoir invoqué le pouvoir arbitraire pour faire exécuter ses décrets, et d'avoir armé les gens de couleur contre les blancs. Vos députés, Messieurs, en communiquant à la municipalité, la déclaration de l'assemblée, ajoutèrent qu'ils étoient autorisés à assurer la ville de Saint-

Pierre et les quartiers qui suivoient son opinion, que l'assemblée n'auroit pas recours aux voies de rigueur pour faire exécuter ses décrets jusqu'à ce que l'assemblée nationale et le roi eussent prononcé : ils assurèrent encore cette ville que tout appareil de guerre avoit disparu, et que la paix alloit renaître.

Telle étoit l'opinion de vos députés, Messieurs ; mais l'espoir de cette paix alloit s'éloigner avec eux. La veille de leur départ, la ville de Saint-Pierre qui avoit protesté contre la nomination de M. Damoiseau, voulut déférer le gouvernement à M. de Clugny : ce général s'en défendit, alléguant le besoin de sa présence qui le rappeloit à la Guadeloupe ; et sur son refus, elle le força d'ordonner à M. de Gimat de prendre le commandement militaire : M. de Gimat l'accepta, se rendit au Fort-Royal, présenta son ordre au comité qui lui dit d'attendre, pour en faire usage, la décision de l'assemblée : elle fut convoquée ; l'ordre fut déclaré nul et M. Damoiseau réintégré dans le gouvernement.

Nous touchons à cette fatale époque du 3 juin, où le premier sang versé fut le signal de la guerre civile. Les instructions et les décrets des 8 et 28 mars étoient arrivés officiellement : le comité avoit convoqué l'assemblée pour lui faire part de ces instructions, de ces décrets, et de la lettre du roi qui les accompagnoit ; M. Damas, dont la santé étoit rétablie, avoit été invité à reprendre ses fonctions : on avoit aussi invité les paroisses à donner leur vœu conformément aux décrets, soit pour la continuation de l'assemblée, soit pour la formation d'une nouvelle. On s'occupoit de ce travail quand les troubles survenus à St-Pierre le firent suspendre : l'assemblée déclara qu'elle s'en rapporteroit à ce que la majorité des paroisses prononceroit, et qu'elle se séparoit jusqu'à cette décision ; laissant son comité en activité : cet arrêté étoit fait le 1er. juin. Le 3, jour de la fête-dieu, une troupe de mulâtres demande à suivre la procession avec le drapeau national : on leur refuse et de porter ce drapeau et d'aller à cette procession. On prétendoit qu'il existoit parmi eux un projet d'insurrection ; c'en fut assez : un nègre, tambour d'une compagnie de blancs, est provoqué par un mulâtre qui étoit ivre. Il se forme un attroupement : un coup de fusil parti de la main d'un de ces derniers, va frapper un particulier qui accouroit pour calmer l'émeute. Quatorze mulâtres sont fusillés, poignardés ou pendus sans forme de procès : deux blancs subissent le même sort ;

des atrocités dont le récit vous feroit frémir accompagnent ces exécutions ; cent vingt-six de ces mûlatres s'étoient réfugiés dans les prisons , et plusieurs en sont arrachés. La multitude qui avoit paru se calmer le soir , redouble de fureur le lendemain , se précipite à la porte de la geole , et menace de tout égorger. On laisse à peine le tems à la municipalité de créer une chambre prévôtale pour juger les prisonniers. On dresse des échafauds ; les treize districts se rassemblent ; chacun d'eux nomme un commissaire ; ceux-ci font choix d'un grand prévôt , d'un procureur du roi et d'un greffier : ils prêtent tous serment entre les mains des officiers municipaux , et commencent l'instruction du procès.

M. de Damas, sollicité par la municipalité de sanctionner cette chambre prévôtale, répond que sa sanction ne peut être donnée qu'aux actes émanés d'un corps législatif ; que d'ailleurs il ne peut approuver un tribunal aussi étrange, formé contre les règles ; qu'il existe un Tribunal de justice compétent pour connoitre de cette affaire , et qu'il n'y a point de nécessité de l'en dépouiller ; il répond encore sur la demande qui lui avoit été faite d'ordonner le désarmement des gens de couleur, qu'ils ont été formés en corps de milice par le roi, et qu'il ne peut changer cette destination, sur-tout dans un moment où la guerre est à craindre.

Le 7, l'assemblée est convoquée ; elle réquiert M. de Damas et M. de Pontevès, commandant de la station, de déployer les forces qui sont en leur pouvoir, pour aller au secours de Saint-Pierre, et mettre un terme aux désordres qui la troublent. Le général marche vers Saint-Pierre : il en prévient la municipalité qui tente vainement de l'en détourner.

Le 9, son armée composée d'environ sept cents hommes de troupes réglées, de sept ou huit cents hommes de milices blanches, et de quatorze cents mulâtres, s'approche de Saint-Pierre. Le maire de cette ville a prétendu que l'armée étoit de cinq mille hommes, sans compter une multitude d'esclaves armés. M. de Damas entre dans Saint-Pierre, suivi de sa colonne et accompagné du comité. Le maire va le recevoir ; les mulâtres et les milices blanches formoient un cordon hors de la ville : le vaisseau l'illustre et deux bricqs du roi étoient devant la rade.

Le 11, M. de Damas, en présence du comité, fait appeler à l'intendance les citoyens notables et la municipalité de la ville, pour

B

les inviter à la paix. Un citoyen propose d'a-dresser des remercîmens au général, au com-mandant de la station et à l'assemblée colo-niale. Ces adresses sont signées d'une partie des assistans : les autres se retirent avec les officiers municipaux à l'hôtel-de-ville, et de nouvelles adresses y sont rédigées.

M. de Damas invite ces officiers munici-paux à lui dénoncer les perturbateurs du re-pos public : sur leur refus, l'assemblée colo-niale lui présente une liste de deux cents per-sonnes, et il signe l'ordre de les arrêter.

Le 13, on forme trente-deux postes dans la ville ; on y place des détachemens ; à cha-cun d'eux étoit joint un citoyen faisant les fonctions d'officier civil. M. de Pontevès, de son côté, faisoit faire une perquisition dans les vaisseaux de la rade, pour y arrêter les gens suspects, et défendoit aux navires marchands de mettre à la voile.

A trois heures du matin, les troupes réglées et les milices blanches entrent dans la ville et occupent les postes. On avoiquatrat cé lep canons dans les rues : les détachemens font, dans toutes les maisons, la recherche des personnes désignées sur la liste : elles sont enlevées et conduites à bord de deux bâtimens de la rade. Le lendemain, l'assemblée générale est convoquée ; dix - huit paroisses y étoient représentées. Elle forme un comité de vingt citoyens et les charge d'examiner ceux des prisonniers qu'on pouvoit élargir, et ceux qu'il falloit expulser. Sur leur avis, on en relâche un assez grand nombre, de sorte qu'après quelques jours, il n'en restoit qu'une soixantaine. A la réquisition de l'assemblée, M. de Damas casse la commission prévôtale qui avoit été formée pour instruire le procès des mulâtres, annulle cette procédure, ordonne qu'elle sera déposée au greffe de la sénéchaussée pour servir de renseignement à celle qui doit être instruite par le juge ordinaire ; et néanmoins il fait élargir provisoirement les mulâtres détenus qui ne sont point chargés, suspend les fonctions de la municipalité de Saint-Pierre, interdit toute assemblée de commune , de districts , de milices nationales, et rend l'exercice de la police à la sénéchaussée.

Le 15, les officiers municipaux lui portent une protestation sur la suspension de leur corps. Quelques jours après, il reçoit le vœu des paroisses sur la formation d'une nouvelle assemblée ou sur la continuation de l'ancienne ; la majorité des voix pour la continuer étoit en proportion de 52 à 20. Toutes les paroisses , au jour indiqué pour la session , se réunirent : St-Pierre y eut ses représentans. On travailla de concert à la constitution de la colonie , et presque tous les décrets furent rendus à l'unanimité. Celui des municipalités subit quelques changemens ; mais les art. 31 et 32 furent conservés. On supprima le comité intermédiaire , et l'on établit un autre corps sous le titre de directoire. On s'occupa aussi de la discussion des comptes de M. Foulon : dès le mois de juin , il avoit été mandé pour les rendre. L'assemblée décida qu'en vertu du pouvoir administratif dont elle étoit investie , elle avoit le droit de succéder aux fonctions de l'intendant ; que, conformément aux instructions de l'assemblée nationale , elle se considéroit comme revêtue de tous les pouvoirs confiés aux assemblées de département : en conséquence elle se chargea de toutes les parties de l'administration (la marine exceptée) et le même jour, il fut arrêté, à huis clos , que M. Foulon et ses secrétaires seroient renvoyés en France.

L'assemblée chargea la cour d'appel de s'évoquer le procès dont l'instruction se suivoit lentement à Saint-Pierre , tant contre les mulâtres arrêtés par le peuple, que contre les prisonniers enlevés par l'ordre de M. de

Damas, dans la nuit du 13 juin : une commission fut nommée pour les juger. On transféra les prisonniers blancs et mulâtres, au nombre de soixante, dans la geole du Fort-Royal, et quelques-uns de ces premiers au Fort-Bourbon.

L'hivernage arriva : l'assemblée s'ajourna au 1er. novembre, et chargea son directoire de faire embarquer les prisonniers sur lesquels la justice n'auroit point de condamnation à prononcer. La procédure s'instruisoit, lorsque le 1er. septembre, les deux compagnies en garnison au Fort-Bourbon arborèrent le drapeau national et l'assurèrent de plusieurs coups de canon ; en même tems un détachement de cinquante soldats marchoit vers la ville pour aller délivrer les prisonniers détenus à la geole ; des grenadiers s'y rendirent et leur firent abandonner ce projet. M. de Damas monta au fort pour arrêter le désordre ; mais au moment d'y entrer, soit qu'il en fût détourné par les grenadiers qui le suivoient, soit qu'on eût refusé de le recevoir, et qu'on l'eût menacé de faire feu sur lui, comme le disent d'autres rapports, il se retira et fit une chûte dont il fut blessé. A son retour, il manda aux compagnies en garnison à Saint-Pierre de se rendre au Fort-Royal, et convoqua les milices blanches et de couleur de l'île. Une députation du Fort-Bourbon vint proposer à la municipalité de monter au Fort avec le drapeau national : elle s'y refusa dans la crainte d'y être détenue ; alors quelques citoyens coururent à l'église, sonnèrent le tocsin, saisirent le drapeau et marchèrent vers le Fort. M. de Damas, à la réquisition du directoire, envoya la compagnie des grenadiers occuper le pont de Fénélon, pour s'opposer à leur passage. Elle repoussa les bourgeois sans les blesser, leur enleva le drapeau et le remit à la municipalité. Le Fort-Bourbon, dans la soirée, tira deux coups de canon à boulets, l'un sur le directoire, et l'autre sur le gouvernement. M. de Damas tint un conseil de guerre : on décida qu'il se retireroit dant la nuit au fort Saint-Louis, que M. Duropil y feroit passer les munitions nécessaires, et que delà on les feroit parvenir à l'acajou, lieu désigné pour le rendez-vous des milices. Le général écrivit à la garnison du Fort-Bourbon et lui demanda quelles étoient ses prétentions ; sa réponse fut qu'elle ne vouloit rien. Le lendemain, un sergent et deux soldats se présentèrent au directoire et exigèrent que les officiers municipaux montassent au Fort avec le drapeau national ; ils ajoutoient que le Fort devoit tirer trois coups de canon à poudre , et qu'après un certain tems qu'ils déterminèrent, si la municipalité n'étoit point arrivée, ils tireroient à boulets sur la ville : ce fut un ordre. Le maire et trois échevins montèrent avec le drapeau, entrèrent au Fort et n'en sortirent plus. Les trois compagnies en garnison au Fort Saint-Louis avoient suivi l'exemple du Fort-Bourbon , et l'on crut un moment que la compagnie des grenadiers prenoit le même parti. Elle quitta ses casernes , alla déposer ses armes au conseil, se rendit à la geole , en délivra les prisonniers, et les conduisit au Fort-Bourbon : dix furent introduits avec ces prisonniers , et l'on refusa d'admettre les autres en menaçant de tirer sur eux. Les grenadiers admis furent jettés dans un cachot , et sept d'entr'eux y étoient encore quand nous avons quitté le Fort-Royal. M. de Damas et le directoire sortirent de cette ville : les troupes de Saint-Pierre y entrèrent et se joignirent à la garnison. Les deux Forts canonnèrent les vaisseaux du roi qui étoient en station , et les forcèrent d'appareiller. M. de Damas, malade de sa blessure , se fit transporter au Gros-Morne. La compagnie de grenadiers qui l'avoit suivi, s'empara du fort de la Trinité; différens postes furent placés sur les hauteurs voisines ; cent hommes gardèrent la trace qui conduit à Saint-Pierre , et l'on fortifia le presbytère du Gros-Morne qui devint le quartier général.

Le 9 septembre , le directoire convoqua extraordinairement l'assemblée coloniale. M. Mollerat , major-commandant à Saint-Pierre , écrivoit au directoire qu'un conseil établi dans cette ville avoit envoyé des députés au Fort-Royal pour y travailler à une pacification générale , et qu'elle se refusoit de se rendre à la convocation de l'assemblée coloniale, prétendant que l'on s'y étoit trop écarté des principes de l'assemblée nationale pour connoître des affaires actuelles , et qu'il falloit une nouvelle députation. L'assemblée , sur la lecture de cette lettre , arrêta qu'il seroit fait défenses aux citoyens de toutes les paroisses de procéder à une nouvelle élection , à peine d'être réputés rebelles ; qu'il leur seroit enjoint de se ranger à l'obéissance , et que les députés du Mouillage seroient encore engagés de se rendre à l'assemblée.

Pendant la séance du 10, M. de Chabrol, colonel du régiment de la Martinique, mandoit à M. de Damas qu'on avoit envoyé à Saint-Pierre quatre pièces de canon de campagne, trois milliers de poudre, des fusils et des cartouches. M. Mollerat annonçoit que tous les corps civils et militaires s'étoient réunis dans cette ville pour prêter un serment civique. M. de Damas fut prié de faire une proclamation pour rappeler les soldats à la discipline, et d'ordonner au commandant de la station de faire croiser tous les bâtimens du roi, pour empêcher l'entrée des rades et ports aux bâtimens des îles voisines qui porteroient des gens armés.

Dans les premiers jours de septembre, la ville de Saint-Pierre avoit prohibé la sortie des vivres pour les campagnes; l'assemblée décréta que l'invasion faite par les soldats des forteresses et de la ville du Fort-Royal, empêchant les planteurs de communiquer avec les capitaines de navire, de faire passer leurs denrées par des voies sûres, et de se procurer les objets nécessaires pour eux et pour leurs atteliers; les ports de la Trinité, du Marin, et généralement tous ceux de la colonie seroient ouverts aux étrangers, et que l'exportation des denrées coloniales, dans les îles étrangères, y seroit permise jusqu'à ce que l'ordre y fût rétabli.

Le 14, M. de Chabrol proposa au général une médiation composée de quatre commissaires du Gros-Morne, choisis hors de l'assemblée coloniale, et de quatre commissaires du Fort-Bourbon, qui se réuniroient pour travailler à la paix, dans un lieu libre, et avec des sauf-conduits respectifs : l'assemblée arrêta que cette proposition étoit inconstitutionnelle ; que M. Chabrol n'avoit d'ailleurs aucune mission pour la faire ; que les députés de la colonie ne pouvoient l'accepter sans se rendre coupables de forfaiture ; que si des citoyens avoient des réclamations à présenter, ils devoient, conformément au décret de l'assemblée nationale sur les municipalités, former ces pétitions sans armes et paisiblement, et les adresser, ou à leurs municipalités légalement établies, ou à l'assemblée coloniale; que l'assemblée étoit seule compétente pour les entendre ; mais que les réclamans devoient d'abord poser les armes, et que M. de Damas seroit de nouveau prié de mettre en usage tous les moyens du pouvoir exécutif pour les ramener à leur devoir.

Le 17, les commissaires du régiment de

la Martinique, de plusieurs paroisses, de la campagne, de la ville de Saint-Pierre, de celle du Fort-Royal, et la municipalité de cette dernière ville, adressèrent au général une lettre dans laquelle l'arrêté de l'assemblée du 14 étoit présenté comme une déclaration de guerre.

Le 20, on reçut des propositions faites par la garnison du Fort-Bourbon et par les commissaires qui s'y trouvoient réunis. Ils demandoient le désarmement immédiat des gens de couleur et la retraite des blancs armés ; l'embarquement pour France de tous les militaires qui servoient dans le camp du Gros-Morne, et l'interdiction provisoire des officiers de ces troupes, jusqu'à la décision de l'assemblée nationale, la publication et l'exécution du décret du 8 mars, la dissolution de l'assemblée coloniale et l'abolition de ses décrets ; l'abolition des procédures faites contre les citoyens détenus pour l'affaire du 3 juin, et la réserve de leurs droits ; l'approbation de la conduite de tous ceux qui avoient coopéré à la révolution ; ils demandoient enfin que l'administration de la colonie fût remise au plus ancien commissaire de la marine, et que la garde des

forts fût confiée aux troupes réglées et aux
citoyens.

L'assemblée déclara que ces propositions
étoient inadmissibles. Elle convint ensuite
de prêter et de faire prêter à tous les habitans ou soldats, blancs ou gens de couleur
libres, qui étoient réunis dans le camp ou
dans les postes voisins, cette formule de
serment :

« Nous jurons d'être fidèles à la nation,
à la loi et au roi ; de maintenir de tout
notre pouvoir, les décrets de l'assemblée
nationale, des 8 et 28 mars, sanctionnés
par le roi, et qui sont la base de la constitution de la colonie ; d'observer les décrets
provisoires de l'assemblée coloniale, sanctionnés par le gouverneur, en attendant
la décision définitive de la législature française et du roi. » Ce serment fut à l'instant
même prêté par l'assemblée, et M. Damoiseau le fit prêter à tous les blancs et
gens de couleur libres, rassemblés dans l'é-
glise du Gros-Morne, sous le drapeau national.

Le 23, l'assemblée revenant sur les propositions d'accommodement soumises à son
examen, qui lui paroissoient séditieuses,
et craignant que leur admission ne la forçât

d'anéantir ses décrets, résolut de les mettre sous la sauve-garde du gouvernement et de se dissoudre. Cependant M. de Damas, cédant à sa sollicitude, avoit envoyé au Fort-Royal trois particuliers chargés de ses pouvoirs avec des propositions qui tendoient à rétablir l'ordre. Ces députés étoient revenus avec une déclaration des commissaires réunis au Fort-Royal : elle portoit qu'ils n'avoient point voulu délibérer sur les propositions qui leur étoient faites par la députation de M. de Damas, parce qu'elle n'avoit aucune mission du camp du Gros-Morne. Il fut encore question d'envoyer de nouveaux députés au Fort-Royal, pour répondre aux propositions adressées au général par M. de Chabrol. Les cinq divisions de l'armée avoient choisi leurs commissaires, et déclaroient s'en rapporter à la décision de l'assemblée, pour cette députation. Elle répondit qu'elle ne pouvoit ni reconnoître les commissaires du Fort-Bourbon, ni traiter avec eux ; que les mesures à prendre, pour rétablir la paix, appartenoient au pouvoir exécutif, et qu'elle persistoit dans son arrêté du 14 septembre.

Et ce même jour, considérant que ses décrets sanctionnés par le gouverneur, ne

pouvoient plus être annullés que par l'assemblée nationale et le roi ; elle déclara
qu'elle les mettoit sous la sauve-garde du
gouverneur , et qu'elle prorogeoit indéfini-
ment ses séances.

Cependant la ville de Saint-Pierre avoit
fait un troisième appel des volontaires et
des troupes de ligne des îles voisines. Vous
savez, Messieurs , que quand les nôtres
demandèrent à marcher, M. le général
n'étoit point libre , et que l'autorité étoit
muette. Ils arrivèrent au Fort-Royal. Des
détachemens se répandirent dans la campagne, et le 24, l'un de ces partis s'avança
fort loin dans le projet de se procurer des
nègres et des bestiaux pour le transport des
vivres et des munitions de l'armée , confor-
mémeut aux ordres de la municipalité. Ce
parti fut surpris. Le chef et quelques soldats furent tués. On rapporta le corps de
trois soldats mutilés. La fureur des troupes
et des volontaires s'enflamme à ce spectacle : ils traversent la ville, portent la hache
dans les maisons occupées par les gens
qu'on nommoit *aristocrates* , brisent les
meubles et les laissent au pillage. Plus de
quinze de ces maisons furent saccagées.

Les propriétaires s'étoient enfuis, et une partie de la ville étoit déserte.

Il paroît par deux écrits, datés de ce même jour, que la municipalité de Saint-Pierre et les commissaires réunis requirent M. de Chabrol de faire marcher les troupes de ligne et les volontaires, et d'employer tous les moyens qu'il avoit en sa puissance pour forcer l'armée du Gros-Morne à capituler ou à se séparer, et que le conseil de guerre réglant la police des troupes, mit sous leur sauve-garde les habitations sur lesquelles l'armée pourroit passer ou se reposer.

Le 25 (jour trop mémorable) douze ou quatorze cents hommes s'avancèrent avec des pièces de canons, marchant sur deux colonnes pour attaquer, de deux côtés, le camp du Gros-Morne. Nous passerons rapidement, Messieurs, sur cet événement funeste qui a mis en deuil plusieurs de nos familles, où nos malheureux compatriotes, exposés à tout le feu de l'ennemi, assaillis de toutes parts dans des lieux étroits et difficiles, et frappés par des mains invisibles, tomboient sans pouvoir se défendre. Il en périt près de quatre cents, suivant quelques relations ; d'autres ne font monter la perte de l'armée qu'à cinquante hommes ; son bagage et son canon furent enlevés, et on lui fit soixante dix prisonniers. A dieu ne plaise que nous imputions aux habitans les cruautés qui se commirent après l'action ! On en a vu plusieurs recueillir dans leurs bras ceux des nôtres qu'on alloit égorger ; on a vu M. Soter, dont la maison sert de retraite à M. de Damas, courir aux milices de couleur, dont la férocité n'avoit plus de frein, et leur acheter des prisonniers pour les sauver du carnage ; on a vu un nègre ennemi couvrir de son corps un de vos citoyens sur qui deux poignards étoit levés. La grandeur d'ame et la sensibilité sont de tous les pays, et c'est avec une douce émotion que nous payons à ce généreux nègre le tribut de nos louanges.

Le 26, M. de Damas offrit une amnistie aux troupes ; mais sa proclamation n'eut point d'effet.

C'est à cette époque, Messieurs, que nous avons été chargés, par votre comité, d'aller présenter à la Martinique une médiation conciliatrice. En jettant un coup-d'œil sur le tableau des évènemens que nous avons tracés, on ne peut disconvenir qu'il n'y ait eu, dans les deux partis, des torts respectifs.

pectifs. Si d'un côté il est difficile d'excuser cette querelle faite aux gens de couleur et les meurtres qui l'ont suivie ; de l'autre, on doit avouer que l'enlèvement nocturne de deux cents citoyens arrêtés comme perturbateurs, et jettés dans les prisons, paroît d'autant moins mesuré que la plupart ont été promptement élargis. Si la municipalité de Saint-Pierre produit des déclarations qui contiennent le détail des vols, des pillages et des assassinats que les bandes de mulâtres, de nègres, tant libres qu'esclaves, ont commis dans plusieurs quartiers de la colonie, attachés au parti de cette ville ; le directoire peut opposer à ces déclarations celle d'un canonnier blessé dans l'action du 25 septembre : on y lit que le projet des troupes ennemies étoit de faire main-basse sur les citoyens qui se seroient trouvés sur leurs pas, sans exception de personne, et qu'on leur avoit promis leur congé et une somme d'argent. Quelque soit le degré de croyance que comportent ces différens actes, d'autres faits trop avérés prouvent à quel excès de fureur la passion a entraîné ce malheureux peuple. On l'a vu brûler les plantations qui entouroient ses villes ; on a vu des pères dénoncer leur fils , des vieillards ne respirer que le sang , des femmes elles-mêmes oubliant la douceur de leur sexe , allumer , dans tous les cœurs , une ardeur effrénée de vengeance qu'elles portoient jusqu'à l'oubli de la pudeur. Il est fâcheux que , dans ce besoin urgent de la paix, les principes de l'assemblée coloniale ne lui aient pas permis de reconnoître les commissaires du Fort-Royal , et de céder à la demande réitérée qu'ils lui faisoient de traiter avec eux , quand M. de Damas s'y montroit disposé. Il n'est pas moins fâcheux que ces mêmes commissaires aient rejetté les propositions de M. de Damas , parce que ses députés n'étoient autorisés que par lui ; et s'il est vrai qu'ils aient retenu, pendant vingt jours, ces propositions, sans en faire part à la ville de Saint-Pierre qui les eût peut-être acceptées , on ne peut que s'étonner de ce silence envers leurs commettans.

Tel étoit, Messieurs , l'état de la Martinique à notre arrivée. Les deux sections de votre députation parties, presque dans le même tems, de la Basse-Terre et de la Pointe-à-Pitre , après une traversée orageuse , se sont réunies à Saint-Pierre. Notre première démarche a été de nous présenter au conseil de cette ville, pour lui faire part de nos pouvoirs et de l'objet de notre mission : il nous a dit qu'il mettoit ses intérêts dans nos mains , et nous a exposé ses griefs que nous avons écoutés en silence avec l'impartialité convenable à nos fonctions. Nous nous sommes ensuite rendus à l'intendance où nous avons réglé notre police intérieure. Il a été décidé, dans cette séance , que nous écririons à M. de Damas, et que sa réponse seroit attendue à Saint-Pierre. La lettre a été faite : la réponse n'est point venue ; et sur les instances des membres du conseil, nous nous sommes déterminés à nous transporter au Fort-Royal où les commissaires de plusieurs paroisses étoient réunis ; le corps de ville nous ayant déclaré qu'il se référoit entièrement à ce que ces commissaires arrêteroient avec nous. Avant notre départ, nous avons jugé qu'il importoit au succès de notre négociation d'obtenir , sinon le désarmement des troupes , au moins la suspension des hostilités. Ce plan, Messieurs, étoit conforme au vœu de votre comité colonial, exprimé dans son arrêté du 14 septembre dernier. Nous avons, en conséquence, prévenu les commandans de nos troupes réglées et de nos volontaires de faire

mettre leurs compagnies sous les armes ;
nous nous sommes rendus sur le lieu où
elles étoient assemblées , et d'abord nous
avons fait prêter serment aux soldats du régiment de la Guadeloupe de se renfermer
dans une défense légitime , et de ne point
agir offensivement. Mais le même serment
ayant été requis de nos volontaires , un de
leurs commandans a observé qu'ils avoient
déja prêté celui d'être fidèles à la nation ,
à la loi et au roi, que leur intention n'étoit
point d'attaquer , mais bien de se défendre ,
et que cette défense étoit d'autant plus nécessaire qu'un bataillon de mulâtres marchoit contr'eux. Après ces observations qui
avoient produit , parmi les volontaires , des
dispositions peu favorables , leur serment
a été reçu , et nous nous sommes retirés.
Ce soir même , trois députés du conseil de
ville sont venus nous exposer leur inquié-
tude sur l'embarras où se trouvoient les
chefs du régiment qui refusoit de marcher
contre les mulâtres , alléguant le serment
qu'il avoit prêté. Nous nous sommes bornés
à remettre aux députés une formule de
serment, pour qu'on en fît connoître l'esprit
aux troupes de ligne. Le lendemain , à l'instant où nous allions nous embarquer , le
corps de ville nous a témoigné de nouvelles

allarmes. Il a fallu rassembler les troupes,
et leur donner une explication claire et
précise du serment qu'elles avoient prêté.
Il a paru, par le langage d'un grenadier,
que l'obstacle venoit réellement du refus
qu'elles faisoient de marcher par détachement.

En arrivant au Fort-Royal, nous nous
sommes présentés à la municipalité, et delà
à l'hôtel de l'intendance où étoient les commissaires de la garnison et des paroisses
réunies. Nous leur avons communiqué nos
mandats et l'extrait des délibérations de votre
comité et de celui de la Pointe-à-Pitre qui
constituoient notre mission. Ils nous ont
témoigné vivement combien cette médiation leur étoit agréable, et leur président
nous a fait le récit des événemens qui avoient
produit l'état de trouble et de désordre où
étoit la colonie ; nous avons répondu avec
l'impartialité que nous nous étions prescrite.
Une députation arrivée de Sainte-Lucie,
présente à cette séance, ayant exprimé le
desir de réunir ses travaux aux nôtres ,
nous avons marqué notre empressement à
former cette réunion, et dès le jour même
elle s'est opérée.

Nous vous parlons, Messieurs, avec un

sentiment de peine, du lieu qui nous a été donné pour tenir nos séances : c'étoit la salle du conseil-souverain dont les magistrats avoient été forcés d'abandonner leurs siéges : car, dans ces jours d'anarchie, les ministres de la justice étoient fugitifs, les tribunaux sans activité, et les loix sans pouvoir. Tout étoit subordonné à une garnison indépendante, sans chefs, sans discipline, et livrée aux impulsions de son caprice.

Dès le lendemain de notre arrivée, nous sommes montés pour la voir au Fort-Bourbon. Elle nous a reçus avec tous les honneurs qui, à ce qu'il nous semble, étoient dus aux représentans de deux grandes colonies. Nous avons invité les soldats rassemblés autour de nous à céder au besoin de la paix. Leur commissaire nous a répondu par des félicitations et des assurances d'une disposition sincère à la réunion commune. Il nous restoit à connoître les sentimens du directoire ; nous lui avons écrit. Il desiroit de vérifier nos pouvoirs, et nous avons chargé deux de nos députés d'aller les communiquer tant à lui qu'à M. de Damas. La réponse de M. de Damas et celle du directoire sont arrivées ; mais nous

nous sommes vus rejettés loin de notre but, quand elles nous ont fait entendre que votre sanction, Messieurs, étoit nécessaire pour la validité de nos mandats. Nous avons pris le parti de solliciter de vous la confirmation de nos pouvoirs, et cependant pressés par la nécessité des circonstances, sentant tout le péril qu'entraînoit un retard au milieu des fléaux de toute espèce qui affligeoient la Martinique ; nous avons encore écrit au directoire pour l'engager à nous accorder une entrevue. Notre lettre a eu le bonheur de produire l'effet que nous en desirions. Le directoire nous a répondu sur-le champ, pour nous indiquer un lieu de conférence, au Lamentin, dans l'habitation du chevalier Burk. Nous ne vous dirons pas, Messieurs, que cette réponse inattendue nous a pénétrés de joie : vous le concevez, sans doute, si vous daignez rendre justice à nos sentimens.

Après avoir imploré les secours du ciel et fait célébrer une messe où les officiers civils et militaires assistoient avec nous ; le corps entier de la députation s'est transporté au lieu du rendez-vous. Nous y avons trouvé le directoire assemblé. Introduits dans la salle de ses séances, nous lui avons communiqué, avec la confiance la plus absolue, les procès-verbaux de toutes nos opérations. Comme il y étoit parlé de quatorze commissaires de paroisses séants au Fort-Royal, le président a dit qu'on nous avoit fait croire mal-à-propos que ces quatorze paroisses eussent des commissaires au Fort-Royal; que, hors celle du Mouillage, toutes avoient leurs représentans à l'assemblée coloniale et auprès de M. de Damas; que les députés même du Mouillage s'étoient excusés sur leur absence; que ceux dont il s'agissoit étoient sans mission, et, pour la plupart, sans propriété; que les paroisses les avoient désavoués, et qu'on offroit de nous communiquer les délibérations qu'elles avoient prises à ce sujet : l'extrait de ces délibérations nous ayant été donné, nous avons lu les arrêtés faits par votre comité, relativement à l'émission des troupes et des volontaires pour la Martinique. Le président du directoire a encore interrompu cette lecture en nous demandant : Qui avoit séduit ces troupes ? qui les avoit engagées à passer les mers pour aller attaquer les habitans de la Martinique jusques dans leurs foyers ? Il demandoit aussi qu'on lui expliquât ce qu'on entendoit dans l'un de ces arrêtés de votre comité, quand on parloit des ennemis de la constitution, et quels étoient ces ennemis ? Nous ne vous dissimulons pas, Messieurs, qu'étrangement surpris de nous entendre interpeller quand nous venions, dans un esprit de paix, présenter votre médiation, nous avons d'abord gardé le silence. Un de nos collègues s'est borné à dire ensuite que nous ne pouvions donner d'éclaircissemens sur des objets qui nous étoient étrangers ; un autre a dit : qu'à l'égard de l'émission des troupes de ligne et des volontaires, votre consentement, Messieurs, et celui de M. le général avoient été forcés par la violence. Alors le président du directoire a repris la parole, et après avoir exposé la conduite de l'assemblée coloniale, et ses griefs contre les villes de Saint-Pierre et du Fort-Royal, il a lu et discuté une proclamation faite par les commissaires du Fort-Bourbon, et dans le nombre des signatures mises au bas de cette proclamation, il a exprimé son étonnement de voir celle de M. Naverre, député de Sainte-Lucie, et notre collègue. L'un de vos députés a répondu que nous ignorions que M. Naverre eût signé cet acte, et que si nous en avions eu connoissance, nous ne l'aurions pas admis dans notre sein. Cette réponse a été très-applaudie. Un membre de Sainte-Lucie a observé que M. Naverre avoit donné sa signature dans un tems où il n'étoit pas encore nommé à la députation. Le président a répondu qu'après la déclaration pleine de franchise du député de la Guadeloupe, il n'y avoit plus à revenir sur cet objet.

Dans la séance du soir, nous avons demandé si le directoire agréoit notre médiation ; le président nous a fait entendre que le directoire ne pouvoit reconnoître notre qualité de médiateurs, parce qu'il ne devoit point y avoir de médiation entre le représentant du roi et des rebelles ; mais qu'il nous considéroit comme des citoyens bienfaisans venus pour rappeller ces rebelles à leur devoir. Nous avons proposé de fixer un lieu libre pour les conférences : celui où nous étions a paru le plus convenable. Nous avons demandé si les commissaires des paroisses dissidentes seroient admis à nos conférences : cette proposition a été rejettée, le directoire persistant à dire qu'il ne vouloit pas traiter avec des rebelles. Nous avons indiqué, pour base d'un arrangement, la suspension des hostilités de part et d'autre, et le désarmement des gens de couleur : le président a dit qu'il falloit d'abord que la ville de Saint-Pierre éloignât ses corsaires qui affamoient les campagnes ; qu'à l'égard des gens de couleur libres , la plupart se trouvant incorporés dans les milices , étoient déjà armés par état, et qu'on ne pouvoit leur ôter la faculté de se défendre ; que quant aux esclaves, le petit nombre de ceux qui avoient des armes étoit dans les quartiers éloignés, dont la distance ne permettoit pas à la sollicitude du directoire de les contenir : qu'au surplus , le directoire ne pouvoit que se renfermer dans la proclamation de M. de Damas, du 26 septembre dernier, et dans les propositions qui y sont incluses.

Nous avons cru, Messieurs, devoir réunir ici la proclamation de M. de Damas et celle du parti de l'opposition qui l'a suivie de près, et qui paroît en être la réponse : vous y verrez leurs sujets de plainte réciproques.

« J'ai toujours gémi sur les divisions qui
» troublent depuis si long-tems la Mar-
» tinique, et qui sont également nuisibles
» à l'agriculture et au commerce, à la co-

» Ionie et à la métropole : j'ai fait, en tout
» tems, ce qui a été en mon pouvoir pour
» en prévenir les suites funestes ; j'ai fait
» ponctuellement exécuter les décrets de
» l'assemblée nationale, des 8 et 28 mars,
» sanctionnés par le roi : ces décrets, rendus
» pour le bonheur des colonies, recomman-
» dent, de la manière la plus forte et la
» plus persuasive, l'union et la concorde :
» ils établissent les principes sur lesquels
» elles doivent reposer. On lit dans le rap-
» port fait à l'assemblée nationale par le
» comité colonial, rapport qu'elle a adopté
» en entier : *Vous n'avez pu rien changer,*
» *dans tout ce qui concerne les colonies,*
» *puisque les loix que vous avez décrétées*
» *ne les ont pas eu pour objet.*

« C'est conformément à ce rapport que
» l'assemblée nationale, dans le préam-
» bule de son décret du 8 mars, dit : *Que,*
» *considérant les colonies comme une par-*
» *tie de l'empire français, et desirant les*
» *faire jouir de l'heureuse régénération qui*
» *s'y est opérée, elle n'a jamais cependant*
» *entendu les comprendre dans la consti-*
» *tution qu'elle a décrétée pour le royaume,*
» *et les assujettir à des loix qui pourroient*
» *être incompatibles avec leurs convenan-*
» *ces locales et particulières.*

« C'est d'après ces principes que l'as-
» semblée nationale a établi dans les colo-
» nies des assemblées coloniales, qu'elle
» leur a attribué le pouvoir d'exprimer le
» vœu de ces colonies, de méditer, de pré-
» parer, de proposer leur constitution, et
» de faire des loix intérieures qui doivent
» avoir leur exécution provisoire avec la
» sanction du gouverneur. L'assemblée colo-
» niale de la Martinique a été confirmée par
» la grande majorité des suffrages recueil-
» lis scrupuleusement dans les formes et
» de la manière indiquées par l'assemblée
» nationale : elle s'est conformée aux dé-
» crets et aux instructions de cette assem-
» blée. Par quelle perversité ou par quel
» égarement, sous de vains prétextes, s'est
» on refusé à l'obéissance provisoire due
» aux décrets que l'assemblée coloniale étoit
» autorisée à faire, et que j'avois sanction-
» nés ? Comment des gens mal intentionnés
» ou chagrins de ce que leur opinion n'avoit
» pas prévalu, ont-ils pu se croire ou se dire
» patriotes, lorsqn'ils oublioient que le pre-
» mier principe du patriotisme, celui sur
» lequel porte toute la révolution, est la
» soumission à l'empire de la majorité Le
» patriotisme peut-il donc consister à sé-

» duire, à égarer des soldats par de fausses
» interprétations des décrets de l'assemblée
» nationale, et par les moyens les plus vils
» que des corrupteurs puissent mettre en
» usage? Peut-il consister à les porter à la
» révolte? S'emparer des forteresses, en faire
» jouer l'artillerie contre le gouvernement
» qui renfermoit le représentant du roi, contre
» le Fort-Royal où il s'étoit retiré et sur le-
» quel flottoit le pavillon national, contre
» les bâtimens de sa majesté et par consé-
» quent de la nation, appeler les garnisons
» des îles voisines, en attirer les citoyens
» trompés par les rapports les plus faux et
» les plus calomnieux, réunir les brigands
» de toutes les Antilles, se répandre armés
» dans la campagne, livrer des habitations
» au pillage, commettre toutes sortes d'ex-
» cès attaquer avec toutes les forces qu'on
» déploie contre un ennemi déclaré, des ci-
» toyens réunis pour leur défense commune
» sous la sauve-garde de l'autorité légitime,
» jurer de les exterminer, retenir les vi-
» vres qui leur sont nécessaires, les forcer à
» recourir, pour leur subsistance, à l'étran-
» ger, au détriment de la métropole, frus-
» trée par-là des denrées que les colons sont
» jaloux de lui conserver, couvrir la mer de

» pirates pour leur enlever cette ressource;
» tout cela est-il donc du patriotisme ?

« L'assemblée nationale avoit cru suffisam-
» ment prévenir de semblables horreurs,
» en déclarant, comme elle l'a fait, art. 6
» de son décret du 8 mars : *Qu'elle met les*
» *colons et leurs propriétés sous la sauve-*
» *garde de la nation, et déclare criminel*
» *envers la nation quiconque travailleroit*
» *à exciter des soulèvemens contre eux.*

« Cessez, cessez de dire, vous qui ne le
» croyez pas, de croire, vous à qui on le
» dit, que tous les décrets de l'assemblée
» nationale doivent avoir leur exécution aux
» colonies comme en France; cette assem-
» blée vous a déclaré formellement le con-
» traire dans le préambule du 8 mars, rap-
» porté ci-dessus : cessez de lui être rébel-
» les en méconnoissant les pouvoirs qu'elle
» a institués; cessez de montrer aux yeux
» des gens éclairés votre mauvaise foi, vous
» qui trompez les autres; revenez de votre
» égarement, vous qu'on a séduits.

» Je suis profondément affligé des maux
» qu'éprouve la colonie depuis le 1er. sep-
» tembre ; je n'envisage qu'avec horreur
» les suites d'une guerre civile ; j'ai voulu
» les prévenir en défendant toute hostilité

» de part et d'autre, en empêchant tout
» acte offensif du côté des planteurs ;
» dans l'action qui s'est passée hier, les ha-
» bitans étoient sans doute dans le cas d'une
» juste et légitime défense, puisqu'on mar-
» choit contre eux avec des forces ma-
» jeures, un train d'artillerie, des muni-
» tions et un appareil de guerre formidable,
» et puisqu'on attaquoit leurs propriétés et
» leur vie. La justice de leur cause a prévalu ;
» ils ont repoussé leurs aggresseurs, qui
» ont abandonné un champ de bataille cou-
» vert de leurs morts ; mais je ne puis m'em-
» pêcher de verser des larmes sur un pa-
» reil succès, lorsque je considère qu'il est
» obtenu sur des François, sur des frères
» auxquels des pervers ont mis les armes
» à la main. Je déplore amèrement le sort
» de tant de victimes d'un funeste égare-
» ment, et dans une situation aussi déchi-
» rante pour mon ame, je crois ne devoir
» écouter que les mouvemens de mon cœur,
» qui me portent à la clémence. Que les
» soldats ouvrent donc enfin les yeux ;
» qu'ils rentrent dans le devoir ; que les
» garnisons des îles voisines y retournent ;
» que les forts me soient remis : que le dé-
» sordre et le pillage cessent au Fort-Royal

» et

» et à Saint-Pierre ; j'accorderai amnistie,
» et les moyens de repasser en France
» avec sécurité, à ceux que je ne croirai
» pas devoir garder : que les étrangers sor-
» tent de l'île ; que les auteurs des troubles
» évitent, par une prompte soumission,
» d'appeller sur leur tête la juste sévérité
» de l'assemblée nationale. »

Les garnisons du Fort-Royal et du Fort-
Bourbon, les officiers municipaux du Fort-
Royal et les commissaires réunis au Fort-
Bourbon disent, de leur côté :

« Nous nous adressons aux habitans de
» toutes les colonies, sous quelque empire
» qu'elles soient ; qu'ils contemplent notre
» position ; qu'ils voient par quels dégrés
» nous y sommes arrivés, et le sort qui les
» menace ; qu'ils frémissent des attentats
» de l'assemblée coloniale de la Martinique.
» Nous ne rappellerons point ici cette
» suite de décrets monstrueux, ces abus
» multipliés de puissance, ces vengeances,
» ces passions honteuses dont la tyrannie
» a précédé et déterminé l'insurrection,
» c'est-à-dire, le réveil du patriotisme ;
» nous nous fixons à ce moment où les

» soldats du régiment de la Martinique et
» de l'artillerie se sont ralliés au Fort-Bour-
» bon sous l'étendard de la nation, et sous
» les auspices des officiers municipaux.

» Ils ont demandé la délivrance des ci-
» toyens injustement détenus depuis trois
» mois; le directoire l'a refusé : sans doute
» il n'est pas encore rassasié des peines de
» ces malheureux, ou il a cru que la force
» étoit encore à sa disposition, et sa résis-
» tance a été la première source des maux.

» Pourquoi a-t-il entraîné M. Damas loin
» des forts? Pourquoi a-t-il entraîné tous
» ceux qui occupoient des places? Pour-
» quoi des officiers du régiment de la Mar-
» tinique et de l'artillerie, qu'un devoir
» impérieux retenoit auprès de leurs sol-
» dats, ont-ils fui? La chose publique a
» été abandonnée, ceux qui étoient chargés
» des intérêts de la colonie ont couru dans
» les bois, y ont appelé les mulâtres pour
» se mettre sous leur protection; ce sont
» cinq ou six membres du directoire qui ont
» jetté ce désordre, et ils n'ont ensuite tra-
» vaille que pour le porter à son comble.

» Les prisonniers devenus libres; la gar-
» nison du Fort-Bourbon, les citoyens res-
» tés au Fort-Royal avoient cru qu'on s'oc-

» cuperoit de leurs intérêts , et ne voulant
» rien faire sans la participation de la ville
» de Saint-Pierre, ils y avoient député, de
» l'aveu de M. Damas, pour avoir des com-
» missaires ; cette ville en a demandé elle-
» même à toutes les paroisses de l'île.

» Les commissaires de quatorze paroisses,
» réunis bientôt au Fort-Bourbon, ne se
» sont annoncés que par des propositions
» de paix ; ils ont promis la sécurité la plus
» entière à tous ceux qui rentreroient dans
» leurs foyers ; ils l'ont promise sur-tout
» aux gens de couleur dont ils voyoient l'éga-
» rement ; trois fois ils ont écrit à M. Da-
» mas pour entrer en conciliation , et sa
» main dirigée par l'assemblée coloniale a
» repoussé toutes leurs propositions ; ils ont
» été traités comme des ennemis.

» Il n'y avoit certainement eu aucun
» acte d'hostilité, lorsque l'assemblée , par
» son décret du 11 septembre, a appelé les
» étrangers, leur a offert ses denrées , a
» déclaré la guerre au commerce de France.
» Est-ce l'assemblée nationale qui lui a
» inspiré un pareil décret ? Peut-elle parler
» de l'autorité légitime, après l'avoir ainsi
» foulée aux pieds.

» C'est ce décret, c'est notre attachement

» à la France qui nous a forcés d'ouvrir
» une croisière pour faire échouer les pro-
» jets sinistres de l'assemblée coloniale,
» pour conserver à la France la denrée que
» le planteur ne peut lui enlever sans violer
» toutes les loix.

» Pendant que l'assemblée coloniale re-
» couroit aux étrangers, nous nous adres-
» sions aux Français des îles voisines, et
» nous les avons vus bientôt voler à notre
» secours ; ce sont les assemblées coloniales
» de la Guadeloupe, de Sainte-Lucie qui
» ont invoqué, en notre faveur, le pouvoir
» exécutif, et ont fait marcher les troupes
» pour nous défendre ; elles n'ont pu voir
» avec indifférence l'assemblée de la Mar-
» tinique se séparer de la métropole, rom-
» pre les liens sur lesquels repose la tran-
» quillité des colonies, et travailler à la
» subversion de toutes les Antilles.

» Il n'y avoit encore eu aucun acte d'hos-
» tilité, lorsque de nouvelles propositions
» faites par M. Chabrol, colonel du régi-
» ment de la Martinique, ont été repous-
» sées si indécémment par l'arrêté du 14.
» Une assemblée qui se prétend dépositaire
» de l'autorité légitime, a-t-elle pu, sans
» exciter la plus vive indignation, prodi-

» guer l'insulte et l'outrage , comme elle le
» fait par ce décret ? a-t-elle pu ordonner
» à M. Damas la guerre civile?

« Quelles sont les forces qu'elle veut être
» employées contre les citoyens ? Ce sont
» des officiers qui ont abandonné leurs dra-
» peaux ; ce sont les hommes qui s'étoient
» emparés , malgré la loi , des deniers du
» roi , de l'administration , des fonctions
» publiques , et qui , après les avoir aban-
» données , prétendent encore reconquérir
» leur proie ; ce sont des mulâtres qu'ils
» ont flatés de l'espoir de parvenir à la qua-
» lité de citoyens actifs , et qui combat-
» tront avec acharnement pour soutenir cette
» prétention; ce sont les esclaves qu'ils chas-
» sent de leurs atteliers , à qui ils font perdre
» toute idée de subordination , instrumens
» aveugles qui , n'ayant plus de frein , croi-
» ront leur liberté attachée au sang des ci-
» toyens qu'ils répandront.

« Telle est l'armée du Gros-Morne ; tels
» sont les défenseurs dont s'environne M.
» Damas qui se dit encore le représentant
» du roi.

« C'est cette horde de mulâtres , d'escla-
» ves , de colons mille fois plus coupables
» qu'eux , qui a allumé la guerre , lorsque

» M. Damas disoit qu'il vouloit se tenir sur
» la défensive ; ce sont eux qui sont venus
» provoquer le Fort-Bourbon, enlever les
» bestiaux, arracher les patriotes de leurs
» maisons , insulter aux femmes , les me-
» nacer, les coucher en joue ; qui deve-
» nant chaque jour plus entreprenans , ont
» livré les habitations au pillage , à la dé-
» vastation , à toutes les horreurs imagina-
» bles.

« Quelques combats ont été la suite de
» leurs premières provocations ; il falloit
» bien repousser ces attaques révoltantes ;
» ils ont eu de l'avantage dans les bois , au
» milieu des embuscades , et ils ont été en-
» couragés au mal par le succès ; et ils
» ont exercé des cruautés inouies sur leurs
» prisonniers ; et soutenus par les officiers
» dont la présence les animoit , ils ont été
» ravager les habitations dans les paroisses
» de la Grand'Anse, de Sainte-Marie , du
» Diamant, des Anses-d'Arlet ; ils ont grossi
» à chaque pas leur troupe de tous les atte-
» liers qu'ils rencontroient ; le soulévement
» est général.

« La ville de Saint-Pierre est menacée
» d'une invasion , du fer et de la flamme ;
» la colonie touche à sa destruction , et ce

» fléau que l'assemblée se ménageoit depuis
» long-tems , après avoir consommé la Mar-
» tinique , ira sans doute porter ses ravages
» dans toutes les îles.

« C'est cependant du sein de ces abo-
» minations que l'assemblée , prenant un
» langage hypocrite , a fait publier sa justi-
» fication par M. Damas ; elle veut tenter
» encore de séduire ceux qu'elle opprimoit ;
» et qui n'ont pu supporter l'oppression, elle a
» affecté de faire parler M. Damas au nom de
» l'assemblée nationale dont elle a toujours
» contredit les décrets; elle s'adresse aux sol-
» dats; elle s'efforce de les séparer des citoyens
» par l'opinion, de les entraîner par de spécieu-
» ses promesses : eh! comment se laisseroient-
» ils prendre à ce piège grossier! n'est-ce pas
» pour eux , comme pour tous les Français ,
» que la révolution est faite ? Le sentiment
» qui reposoit au fond de leurs cœurs , pen-
» dant les persécutions , n'a pas éclaté pour
» s'éteindre ; ils savent combien les paroles
» de l'assemblée coloniale sont menson-
» gères ; ils savent que s'ils livroient des
» victimes, ils le seroient bientôt eux-mê-
» mes ; leur cause est commune ; et ils la
» soutiendront jusqu'à la fin ; l'honneur et
» le nom Français nous en sont garans.

D 4

« M. Damas demande qu'on lui remette
» les forts ; il donnera , dit-il , les moyens
» de passer en France à ceux qu'il ne voudra
» pas garder ; quel avenir ! l'assemblée ne
» lui permettra pas d'en garder un ; les forts
» seront donc remis aux mulâtres , aux es-
» claves qui composent l'armée ; il veut
» donc les rendre maîtres de la colonie.

« Quant à nous commissaires et autres
» réunis au Fort-Bourbon , nous réitérons
» les déclarations que nous avons déjà faites
» et publiées ; jamais aucune vue hostile ne
» nous a animés contre qui que ce soit ;
» l'établissement de la constitution française
» a été notre unique désir ; la soumission à
» l'assemblée nationale a été notre seule
» profession de foi ; nous paierons un tribut
» éternel de reconnoissance aux braves sol-
» dats qui ont arrêté le cours des tyrannies
» de l'assemblée coloniale , aux généreux
» Français des îles voisines qui sont venus
» nous aider à sortir du despotisme nouveau
» que le directoire avoit fait succéder au
» despotisme ancien.

« Nous frémissons des maux dont la colo-
» nie est déchirée ; nous voyons avec une
» douleur profonde que ces maux s'accrois-
» sent chaque jour , et menacent tout l'Ar-

» chipel ; mais nous ne cesserons jamais de
» crier à l'assemblée coloniale : *Ces maux*
» *sont votre ouvrage ; vous avez abusé du*
» *pouvoir quand il étoit si facile d'être*
» *généreux ; vous n'avez pas voulu plier,*
» *quand il falloit faire un léger sacrifice*
» *à la paix ; vous avez fui quand votre*
» *présence eût concilié tout ; vous avez*
» *immolé la chose publique à votre amour*
» *propre.*

« Nous crierons aux officiers qui ont
» abandonné leurs drapeaux : *Ces maux*
» *sont votre ouvrage ; vous avez laissé vo*s
» *soldats que vous deviez soutenir et diriger ;*
» *vous avez redouté d'être justes avec eux ,*
» *et vous avez été vous mettre , contre eux*
» *et contre nous , à la tête des mulâtres et*
» *des esclave*s *; vous avez fait une armée de*
» *cette multitude qui , sans vous , eût été*
» *dans la confusion et dans l'impossibilité*
» *de rien entreprendre.*

« Nous crierons à tous les hommes qui
» occupoient des places civiles, qui étoient
» dépositaires des intérêts des citoyens :
» *Ces maux sont votre ouvrage ; c'est sans*
» *doute le cri de votre conscience qui vous*
» *a fait fuir ; vous avez mieux aimé vous*
» *faire un rempart des mulâtres et des es-*

» claves, que rester à vos fonctions , au mi-
» lieu des citoyens qui promettoient à tous
» amitié et tranquillité; vous avez conjuré
» la perte de la Martinique et de toutes les
» îles.

« Combien vous êtes coupables ! mais s'il
» en est tems encore , si vous êtes maîtres
» de cette foule que la méchanceté a eu
» l'imprudence d'armer, lorsque la politique
» exigeoit qu'ils fussent éloignés de votre
» querelle ; si vous pouvez agir au milieu
» de ces mulâtres , de ces esclaves qui doi-
» vent vous faire trembler ; si vous avez
» une ame pour sentir la position où vous
» êtes vous-mêmes , ah ! profitez du der-
» nier moment, abjurez vos erreurs , dis-
» sipez , faites rentrer dans le devoir ces
» légions qui vous environnent ; souvenez
» vous que vous êtes Français ; et en arrê-
» tant le cours des malheurs qui nous me-
» nacent, tâchez de faire oublier ceux qui
» sont passés.

« Nous dirons à toutes les colonies, sous
» quelque empire qu'elles soient : *Voyez et*
» *tremblez* ; il s'est trouvé dans cette île
» des hommes capables d'oublier ce qu'ils
» doivent à leurs fères ; ils ont armé contre
» eux les mulâtres , soulevé les esclaves ;

» *ils veulent nous immoler par ces vils ins-*
» *trumens ; si leur projet réussit , ils en*
» *seront eux-mêmes bientôt victimes ; et*
» *vous aussi vous verrez vos esclaves s'ar-*
» *mer et tourner leurs armes contre vous ;*
» *aidez nous à confondre ces indignes pro-*
» *jets ; employez tous vos moyens pour*
» *terminer la crise affreuse qui nous con-*
» *sume et qui vous consumera peut-être à*
» *votre tour. »*

A la fin de la séance , le président nous a communiqué une lettre que le directoire vous écrivoit , Messieurs , et dans laquelle il vous offroit la remise de tous nos compatriotes détenus au Gros-Morne. Ce don généreux a excité notre reconnoissance , et nous nous sommes empressés d'interpréter vos sentimens.

A notre retour au Fort-Royal , nous avons communiqué aux commissaires , le résultat de cette conférence , et nous les avons invités à nous donner une réponse officielle sur les propositions que le directoire nous avoit remises. Ils nous l'ont fait attendre plusieurs jours ; c'est ce qui nous a déterminés à différer la seconde entrevue qui avoit été fixée au surlendemain. Un événement dont nous ne vous parlons ici, Messieurs, que parce qu'il a eu une sorte d'éclat, n'a pas peu contribué à ce retard. Trois militaires, membres de notre députation, et qui la suivoient à pied, parce qu'ils avoient refusé des chevaux, ont été insultés au camp des mulâtres, et l'un de ceux-ci leur a dit qu'ils nous attendoient avec des fusils, à notre premier voyage. Sur la plainte que nous avons adressée au directoire de ces voies de fait et de ces menaces, nous avons obtenu la satisfaction la plus complette de l'insulte, et toute sureté pour notre route.

Nous désirions de faire un échange réciproque de tous les prisonniers, la garnison du Fort-Bourbon y consentoit. Nous avons écrit, sur cet objet, au directoire, en lui demandant la liste des prisonniers détenus au Gros-Morne, et lui envoyant un état de ceux qui étoient au fort.

Nous avons aussi écrit à M. de Damas, pour lui transmettre les plaintes de la ville de Saint-Pierre sur les violences commises par les nègres et les mulâtres, dans plusieurs quartiers de l'île. M. de Damas nous a répondu qu'il donnoit les ordres les plus précis, et qu'il employoit tous les moyens pour arrêter le cours de ces excès.

Quant à l'échange des prisonniers , le directoire nous a mandé que cet objet ne pouvoit se traiter que dans une nouvelle conférence.

Nous avions indiqué aux commissaires quelques amendemens sur les propositions de M. de Damas ; Nous insistions pour qu'ils renonçassent à demander le désarmement des gens de couleur. Ils paroissoient disposés à se relâcher sur cet article , et nous les pressions de nous donner leur réponse. Dans cet intervalle , nous avons cru devoir sonder par nous-mêmes les dispositions ultérieures de la garnison, et nous nous sommes rencontrés au fort; mais un commissaire de Saint-Pierre que nous avions vu dans cette ville , qui nous avoit suivis au Fort-Royal , qui se portoit par-tout avec une activité singulière , avoit prévenu les soldats qu'on alloit les sermoner. Nous avons senti le but et l'effet de cet avis , et après une courte exhortation à la paix , nous sommes descendus du fort , avec le regret qu'ont des cœurs droits de se voir contrariés dans le désir de faire le bien, par ceux-mêmes qu'ils voudroient servir.

Les observations des commissaires sur la proclamation de M. de Damas , nous ayant enfin été remises , nous nous disposions à

retourner sur l'habitation de M. Burk, lorsque six nouveaux députés de notre colonie
sont venus remplacer les collègues qui s'é-
toient chargés, Messieurs, de vous porter
nos dépêches. Nous avons reçu avec une
reconnoissance respectueuse les extraits de
vos délibérations qui confirmoient nos pouvoirs, et la lettre dont vous nous honoriez;
les motifs d'encouragement qu'elle contenoit
étoient bien propres à nous faire dévo-
rer tous les dégoûts et vaincre tous les
obstacles, pour atteindre au succès de nos
travaux. Conformément à vos ordres, Messieurs, nous avons invité sur le champ les
commissaires des paroisses à prendre communication de vos arrêtés qui concernent
le désarmement des corsaires; mais cette
communication n'a produit aucun effet.

Une nouvelle députation de Sainte-Lucie
s'étant aussi présentée munie des pouvoirs
de son assemblée et de la confirmation
qu'elle donnoit aux mandats de ses premiers
députés; elle a pris séance avec nous.

Il avoit été résolu que plusieurs de nos
collègues resteroient au Fort-Royal, pour
y conférer avec les commissaires des paroisses; la section qui s'est rendue au Lamentin y a remis au directoire les proposi-

tions de ces commissaires. Elles étoient comprises dans les articles suivans :

« Art. 1er. Tous les griefs de part et d'autre,
» entre les militaires, seront portés et dé-
» noncés à l'assemblée nationale ; en consé-
« quence, les officiers de quelques corps
» qu'ils soient, et qui les ont abandonnés,
» notamment le sieur Clinchamp qui est
» parti avec le mot d'ordre et lorsqu'il étoit
» de service, les grenadiers, bas-officiers
» et fusiliers qui ont quitté leurs drapaux,
» notamment les sieurs Gazan, adjudant,
» et Valtat, sergent-major, qui ont déchiré
» et emporté le drapeau du régiment de la
» Martinique, se rendront incessamment
» en France ; les commissaires militaires
» des différens corps s'y rendront égale-
» ment, pour exposer les faits à l'assemblée
» nationale, former devant elle leurs de-
» mandes et défenses, ainsi que les de-
» mandes et défenses qui pourront être
» formées par les compagnies, et recevoir
» sa décision ; et jusqu'au départ pour France,
» des grenadiers, bas-officiers et fusiliers
» désignés ci-dessus, il leur sera donné toute
» sureté pour leur personne à la Trinité où
» ils resteront sans avoir communication
» avec leur corps.

« Art. 2. On demandera à l'assemblée
» nationale que le régiment de la Marti-
» nique prenne la dénomination de *régi-*
» *ment national de la Martinique.*

« Art. 3. Les fonctions de l'assemblée
» coloniale seront suspendues provisoire-
» ment, ainsi que l'exécution de tous ses
» décrets, jusqu'à ce que l'assemblée na-
» tionale ait prononcé définitivement.

« Art. 4. L'administration sera remise
» aux officiers et employés qui étoient en
» fonctions et qui y avoient droit avant le
» changement occasionné par le directoire,
» à l'exception de ceux qui ont abandonné
» leurs places depuis le premier de septem-
» bre.

« Art. 5. Les griefs de part et d'autre se-
» ront soumis au jugement de l'assemblée
» nationale ; il sera loisible à chacun d'en-
» voyer tels mémoires et pièces qu'il jugera
» à propos, de réclamer telle indemnité
» qu'il avisera, et cependant personne ne
» pourra être inquiété ni recherché pour
». les événemens passés, jusqu'à ce que l'as-
» semblée nationale ait prononcé.

» Art. 6. Il sera demandé à la nation un
» secours extraordinaire pour ceux qui ont
» été ravagés et ruinés dans leurs biens.

» Art. 7.

« Art. 7. La milice sera suspendue pro-
» visoirement, et sa suppression renvoyée
» à l'assemblée nationale. Le désarmement
» des gens de couleur à discuter.

« Art. 8. Les garnisons des forts seront
» composées de deux tiers de militaires et
» d'un tiers de citoyens qui seront fournis
» par toutes les paroisses, proportionnelle-
» ment à la population.

« Art. 9. L'agriculture et le commerce
» reprendront leurs cours, comme avant les
» projets de scission.

« Art. 10. Les citoyens qui ont été illéga-
» lement détenus, pendant le séjour de l'as-
» semblée coloniale à Saint-Pierre, seront
» autorisés à suivre, auprès de l'assemblée
» nationale, le jugement de leurs réclama-
» tions, et les indemnités qu'ils ont à pré-
» tendre ; les procédures suivies, tant à la
» commission prévôtale qu'en la sénéchaus-
» sée de Saint-Pierre et à la commission
» du conseil, sur les événemens du 3 juin,
» seront rapportées pour être anéanties, et
» les écrous de ceux qui ont été décrétés,
» seront biffés sur les registres de la geole,
» en vertu du traité de paix.

« Art. 11. Les prisonniers seront respec-

E

» tivement rendus, en quelque nombre
» qu'ils soient.

« Art. 12. Messieurs les députés conci-
» liateurs des îles voisines, seront priés de
» proposer un plan de police et d'ordre pu-
» blic à suivre provisoirement dans la colo-
» nie, dans lequel sera compris un plan de
» gardes nationales ; lesdits plans seront
» soumis à la discussion des deux partis,
» et étant agréés, seront mis de suite en
» exécution par MM. les députés.

« Le traité sera garanti par MM. les dé-
» putés, au nom de leurs colonies ; ils se-
» ront priés de laisser à la Martinique tel
» nombre d'entr'eux dont ils conviendront,
» choisis dans toutes leurs colonies, jusqu'à
» ce que l'on ait reçu la décision de l'as-
» semblée nationale. »

Les commissaires appuyèrent ces propositions d'un mémoire qui contenoit leurs
griefs et que nous avons remis au directoire,
avec les articles proposés. Sa réponse a été
sévère ; il a déclaré s'en tenir absolument
à la teneur de la proclamation faite, le
26 septembre, par M. de Damas. A l'égard
de l'échange des prisonniers, il a dit que
cet échange devoit présenter égalité et ré-

ciprocité d'avantages, et être considéré sous le rapport du nombre et de la qualité des prisonniers ; que relativement au nombre, il n'y avoit point de proportion, puisqu'on n'offroit que quatorze personnes pour en obtenir soixante-dix ; que quant à la qualité, la disproportion étoit encore plus grande ; les prisonniers retenus dans le camp du Gros-Morne ayant été saisis les armes à la main, quand ceux du Fort-Bourbon étoient des habitans enlevés dans leurs maisons, et pris dans leurs lits, des citoyens du Fort-Royal arrachés des bras de leurs femmes et de leurs enfans, des grenadiers qui étoient entrés dans le fort, désarmés et porteurs de paroles de paix, et qu'on avoit jettés dans des cachots.

M. de-Damas, à qui les propositions du Fort-Bourbon ont été communiquées, nous a mandé qu'elles ne méritoient aucune réponse de sa part, et qu'il renvoyoit, à ce sujet, aux décrets de l'assemblée nationale. Il joignoit à sa lettre un de ces décrets, concernant la discipline des troupes, et une seconde proclamation dans laquelle en se référant à la première et à l'amnistie qu'il avoit offerte, il n'accordoit aux soldats que trois jours pour en profiter. Nous avons remis cette proclamation à M. de Chabrol , commandant de la ville , et au chef de la garnison. Celui-ci venoit d'être arrêté par les soldats , l'autre étoit au moment de l'être , et l'a été le lendemain. La proclamation a été lue , et n'a fait qu'irriter les esprits. Dans les dispositions où se trouvoient les soldats , ils nous ont déclaré , par l'organe de leurs commissaires , que si on attaquoit Saint-Pierre , après l'expiration du délai , ils détruiroient la ville du Fort-Royal , feroient sauter les forts et se jetteroient sur les campagnes , la flamme et le fer à la main.

Effrayés de l'état critique où se trouvoit la colonie, nous avons arrêté de nous transporter sans délai auprès de M. de Damas , et de solliciter sa clémence. Les membres de la députation qui étoient demeurés auprès du directoire, nous y invitoient , et nous nous sommes disposés à les aller joindre ; mais au moment de partir , les commissaires , en nous remettant de nouvelles observations , nous ont présenté une adresse qui renfermoit les instances les plus vives de laisser plusieurs de nous au Fort-Royal. Huit de nos députés se sont rendus à leur prière , et les autres se sont mis en route.

Nous ne pouvons ici, Messieurs, vous taire le procédé de deux de ces commissaires qui nous attendoient sous le canon du Fort-Bourbon ; ils ont forcé nos valets de déposer nos malles ; ils les ont fait ouvrir ; ils les ont fouillées ; et le droit des gens, le respect dû à notre caractère, tout ce qu'une conduite impartiale devoit nous assurer d'égards dans notre marche, a été violé avec une indécence qu'on se seroit à peine permise contre des gens suspects.

A peine sommes-nous arrivés au lieu des conférences que nous avons écrit à M. de Damas, pour le solliciter de donner au terme fixé pour l'amnistie , une prorogation de quelques jours. Nous l'avons obtenue , et nous nous sommes empressés d'en instruire le Fort-Royal. Nous avons communiqué au directoire l'*ultimatum* des commissaires, et cet écrit est resté sans réponse.

Après quelques jours d'attente, pendant lesquels nous avions pressé vainement nos collègues absens de se joindre à nous, la députation s'est transportée au Gros-Morne. Nous avions préparé une adresse qui a été prononcée par un député devant M. de Damas. C'étoit un spectacle touchant et vraiment digne de compassion de voir ce général offrant sur son visage l'empreinte de l'émotion, de la maladie, de la douleur et de l'infortune ; conservant un cœur sain dans un corps affoibli par ses maux ; mais subjugué par les circonstances, et n'ayant plus qu'une volonté impuissante d'opérer le bien. Près de lui étoit rassemblé un peuple d'habitans armés, la plupart aigris par le désespoir, brûlant de marcher contre Saint-Pierre et d'y porter la torche. L'église voisine étoit occupée par une garde de mulâtres : on voyoit des hamacs suspendus devant l'autel où un dieu de paix ne recevoit plus de sacrifices. Autour du camp, la famine exerçoit ses ravages ; l'esclave n'étoit plus nourri, et les maîtres n'avoient plus de pain.

L'adresse lue à M. de Damas exprimoit la crainte où nous étions qu'à l'expiration du délai fixé pour l'amnistie, les nègres ne se crussent autorisés à un soulèvement universel, et que la ville de Saint-Pierre ne fût livrée au pillage. Nous l'informions des menaces faites par la garnison du Fort-Royal ; nous le conjurions de faire céder à l'humanité de ses sentimens la sévérité de ses principes, de laisser agir l'influence de l'opinion qui ne pouvoit tarder à lui rame-ner un peuple dont il étoit chéri, et d'attendre du tems et de la patience un succès qu'il lui seroit cruel d'acheter par le sang. M. de Damas nous a dit qu'il aimoit la paix plus que personne, et qu'il l'avoit prouvé ; mais que Saint-Pierre, en armant ses corsaires, exposoit, depuis plusieurs mois , une multitude d'esclaves aux horreurs de la famine. Nous lui avons témoigné le desir d'obtenir une suspension d'hostilité. Ces mots ont excité un bruit d'improbation dans l'assemblée, et M. de Damas a répondu qu'il ne pouvoit rien décider sans consulter la colonie. Nous lui avons demandé s'il consentiroit d'accorder aux soldats une capitulation au lieu d'une amnistie ; mais il nous a observé qu'une simple capitulation ne les mettroit pas à l'abri de subir leur procès en France, et que l'amnistie leur étoit plus avantageuse. Comme nous prenions congé de lui, il nous a priés, Messieurs, de vous exprimer combien il étoit pénétré, pour nos colonies, d'estime et de considération.

L'adresse que nous lui avions présentée avoit causé quelques murmures dans son camp. Cet écrit, disoit-on, paroissoit manquer l'effet le plus desiré, celui de calmer et de rapprocher les esprits. On nous faisoit entendre que M. de Damas seroit embar-

rassé d'y répondre d'une manière satisfai-
sante. Jaloux d'employer les moyens les
plus directs pour obtenir la paix, nous avons
cru devoir faire succéder une nouvelle
adresse à la première. La réponse de M.
de Damas n'a point tardé à nous parvenir ;
elle étoit décisive, et ne nous laissoit plus
d'espoir. Vous allez juger, Messieurs, s'il
étoit possible et convenable d'essayer de
nouvelles tentatives. Voici les termes de
cette lettre, qui nous a été écrite le 31 octobre.

« Lorsque le 26 de septembre je publiai
» une proclamation, lorsque j'offris une am-
» nistie à des soldats qui avoient poussé la
» révolte aussi loin qu'elle peut aller, je
» n'écoutai que la clémence. J'espérai que
» les soldats en seroient touchés, et qu'ils
» s'empresseroient de profiter d'un pardon
» auquel ils ne devoient pas sûrement s'at-
» tendre. Cette espérance fut trompée ; mais
» mon cœur répugnant à des actes de sé-
» vérité, je différai toujours à fixer le terme
» de l'amnistie ; je crus que le tems opére-
» roit un changement dans les esprits ; que
» la voix du devoir et de l'honneur se feroit
» entendre ; que les soldats ouvriroient

» enfin les yeux : je crus, Messieurs, que
» vous n'auriez pas vainement passé les
» mers ; que votre présence au Fort-Royal
» répandroit dans cette ville des opinions
» plus conformes à la raison, des sentimens
» plus humains. Près d'un mois s'écoula
» dans une vaine attente ; je pensai qu'il étoit
» tems de mettre un terme à une indul-
» gence qui sembloit n'avoir d'autre effet
» que d'accroître l'audace, et qui m'auroit
» enfin rendu coupable. Je publiai une se-
» conde proclamation qui, en rappellant la
» première, bornoit le tems de la clémence
» au 28 de ce mois.

« Vous vous chargeâtes, Messieurs, de
» faire passer cette pièce : votre zèle, votre
» ardent désir pour le rétablissement de la
» paix, vous portèrent à me faciliter les
» moyens de la faire connoître. J'y joignis
» des copies de deux décrets de l'assemblée
» nationale, relatifs à la discipline mili-
» taire dont je devois croire l'effet indubi-
» table. Mes bonnes intentions, votre in-
» fluence, la sagesse de l'assemblée natio-
» nale ont été vaines. Vous avez alors pensé
» qu'en accordant quelques jours de plus,
» ils reconnoîtroient enfin leur erreur ; j'ai
» déféré à votre avis, j'ai saisi avec em-

» pressement cette occasion de témoigner
» aux colonies que vous représentez, mes
» sentimens à leur égard, et le desir de
» leur être agréable ; j'ai reculé, jusqu'au
» 31, le terme de l'amnistie. Vous senti-
» rez, Messieurs, que je ne puis sans cesse
» offrir une faveur qu'on dédaigne, un
» pardon qu'on repousse ; que ce seroit
» enhardir, autoriser en quelque manière
» les forfaits ; que voulant être clément,
» je finirois par être injuste. Oui, Mes-
» sieurs, la conduite des soldats, leur en-
» durcissement dans le crime, leurs nou-
» veaux attentats me ramènent à observer
» plus scrupuleusement les règles qui me sont
» prescrites. Chargé de maintenir l'exécu-
» tion des ordonnances militaires, j'ai peut-
» être déjà mérité le blâme de sa majesté,
» en m'engageant à laisser impunies les
» nombreuses et violentes infractions qui y
» ont été faites ; je ne dois plus avoir sous
» les yeux que mon devoir, et je m'effor-
» cerai de le remplir.

« Quant à la proposition que vous me faites
» relativement aux corsaires, que je ne puis
» appeler que des pirates ; vous savez,
» Messieurs, que vos instructions portoient
» de les faire retirer préalablement à toute

» négociation; vous savez que vous avez fait
» connoître à cet égard l'intention de vos
» constituans, et que vous l'avez fait sans
» succès. Les nouvelles espérances que vous
» avez conçues de réussir aujourd'hui ne
» paroissent donc pas fondées. Quelle foi
» pourriez-vous ajouter aux promesses? quel
» fonds pourai-je faire sur les paroles des
» gens qui ne connoissent plus ni frein ni
» loi ? Ils ont plus d'une fois sous vos yeux
» violé leurs engagemens. Vous devez être
» aujourd'hui bien instruits de la position
» de la Martinique et de l'impossibilité de
» ramener à l'ordre, par des raisonnemens et
» par la persuasion, des gens dont la perver-
» sité est extrême. Votre opinion doit être
» fixée; le plus grand bien que vous puissiez
» faire aujourd'hui est de la transmettre à vos
» assemblées coloniales. Mes sentimens, le
» souvenir de mes actions, l'idée que j'ai
» conçue de vous, me portent à désirer
» ardemment, à attendre avec impatience
» le moment ou vous remplirez cette partie
» de vos fonctions.

Plusieurs de nos collègues desirant de retourner au Fort-Royal pour s'y réunir à la

section que nous y avions laissée , ont été chargés de lui porter une copie de cette lettre , et d'en faire part aux commissaires. Nous avons reçu , dans ce tems, vos paquets adressés au directoire et l'extrait de vos délibérations du 28 octobre dernier. Celles-ci portent que vous acceptez l'offre généreuse qui vous a été faite par le directoire , de la liberté de nos volontaires , prisonniers au Gros-Morne. Vous demandez la même faveur pour les volontaires de Marie-Galante ; et vous nous recommandez le soin de leur embarquement. Vos ordres ont été exécutés. La remise de tous ces prisonniers nous a été faite. Vos lettres pour le directoire lui ont été présentées , M. de Damas que nous avons prié de nous facilliter le moyen de retourner dans notre colonie pour vous rendre compte de nos travaux , nous a offert un passage sur la frégate du roi l'*Embuscade* qui étoit attendue à la Trinité. Nous avons fait nos dispostions pour ce départ. Nous en avons informé ceux de nos députés que nous laissions au Fort-Royal , nos volontaires et nos troupes de ligne qui étoient à Saint-Pierre. Les prisonniers ont été embarqués dans un bateau que nous avons frété. De nouveaux

pa quets adressés par nos collégues contenoient un projet de conciliation, et faisoient
espérer le désarmement des corsaires. La
lettre de M. de Damas ayant mis un terme
à nos fonctions, nous nous sommes bornés
à faire parvenir ces pièces au directoire.
Enfin au moment de monter à bord de l'Embuscade, nous avons rempli un triste devoir
envers M. de Montpezat, membre de la députation, qui venoit d'expirer après quelques jours de fièvre. Nous osons attester,
Messieurs, que dans cette rude carrière,
il n'est aucun de nous qui n'ait plus ou
moins éprouvé les chagrins, les maladies
et le desir d'aller respirer auprès de vous,
mais que le zèle a soutenu nos forces, et
qu'on ne pouvoit opposer aux peines de tout
genre, plus de fermeté, de courage et de
patience.

– En terminant ce rapport d'une mission
dont le résultat nous afflige, il nous est
doux de vous présenter ces enfans de la
patrie que nous ramenons dans son sein,
ces victimes d'un zèle peu prudent que votre
surveillance paternelle nous a recommandé
de recueillir, et dont le directoire de la Martinique vous avoit généreusement offert la

liberté. Ils ont vu de près la mort. Ils ont été dans les fers. Ils ont connu la faim, la misère, l'abandon de tout secours. Ils étoient loin de leur pays, de leur famille, de leurs amis, exposés à périr dans les cachots. Quel moment pour eux, Messieurs, que celui où vous les rendez au repos, à la liberté et à toutes les douceurs de la vie! Ah, qu'ils sachent que le vrai courage est d'obéir aux loix et de réserver leurs bras pour vous défendre! Qu'ils racontent à leurs frères ce qu'ils ont vu et ce qu'ils ont souffert! Qu'ils disent à ceux qui voudroient allumer dans notre île le feu de la discorde, qu'ils leur disent dans quelle horrible anarchie est tombée la Martinique pour avoir écouté des conseils téméraires! Elle touche à sa perte si la providence ne vient à son aide; et cette guerre excitée par une ancienne rivalité, et dont trois négociations n'ont pû arrêter le cours, finira peut-être par la ruine entière de la colonie.

Signés, Dubarail, Quin, Butel-Sainte-Ville, Dothemare-Mardière, Liégeois d'Amblonville, Legraët, Ganiveaux, Pénicaut,

Lassalle, Lemercier de Richemont, Clugny, de la Roncière, Bébian, J. P. Le-
brun, Dubusquet, Delrieu, G. Audinet,
Natoire, Léonard.

Lu en assemblée à la séance du 10 novembre 1790.

Signé, FOULQUIER, secrétaire.

SUPPLÉMENT

AU RAPPORT PRÉCÉDENT.

Lu à l'assemblée coloniale, le 7 décembre 1790.

NOUS nous avons dit, Messieurs, que peu de jours avant notre départ de la Martinique, une partie de votre députation s'étoit séparée de nous à la Trinité pour aller rejoindre la section qui étoit constamment restée au Fort-Royal. Nos collègues ne jugeoient pas comme nous que la lettre écrite par M. de Damas, le 31 octobre, fût décisive, et nous ôtât tout espoir. Ils desiroient de tenter, s'il étoit possible, de nouveaux moyens de conciliation, et dans les illusions d'un zèle bien digne d'éloge, ils se flattoient encore de pouvoir rappeler la paix dans cette colonie ; quoiqu'à leur passage, au camp, M. de Damas leur eût manifesté ses doutes sur le succès de toute démarche ultérieure, et leur eût répété que ce qu'ils avoient de mieux à faire étoit de retourner ici pour vous informer de ce qu'ils avoient vu. Résolus d'épuiser tous les efforts

avant

avant de prendre ce parti, ils se sont oc-
cupés d'un plan de pacification dont l'objet
capital étoit la suspension des hostilités et
la rentrée des corsaires. Ils devoient d'autant mieux se promettre de faire agréer par
les commissaires du Fort-Royal, ce dernier
point de leurs propositions, que les vaisseaux
du roi le Ferme et l'Embuscade croisoient
alors dans ces parages. En effet, ces commissaires consentoient à désarmer les corsaires dès qu'il y auroit cessation d'hostilités de part et d'autre, jusqu'à une époque
dont le terme seroit fixé par la députation.
Elle s'est empressée de fixer ce terme, et
dès que les articles ont été réglés, elle nous
les a fait parvenir, avec les paquets que vous
nous adressiez, et qui contenoient votre réponse au directoire, ainsi que la commission donnée à vos députés de pourvoir à l'embarquement des citoyens de la Guadeloupe
et de Marie-Galante, prisonniers du Gros-
Morne. Nous vous avons rendu compte,
Messieurs, de ce que nous avions fait à
cet égard. Comme notre opinion étoit déter-
minée sur le succès malheureux de notre
mission, et que nous ne pensions pas devoir
affecter une importunité superflue, nous nous
étions contentés d'envoyer ce projet d'ac-

F

commodement au camp du Gros-Morne, au moment où nous allions partir pour retourner dans notre colonie. La section séante au Fort-Royal, avertie de cet envoi, a prié M. de Damas et le directoire de lui adresser une réponse sur les propositions de paix qu'ils avoient reçues.

M. de Damas a répondu qu'à notre départ nous avions fait passer au camp ces propositions sans y ajouter aucune réflexion, et que, sans doute, nous avions jugé qu'ayant suffisamment expliqué ses intentions, il ne pouvoit s'en départir.

La réponse du directoire portoit qu'en envoyant ces propositions, nous n'y avions joint aucune réflexion, et qu'en nous imitant, il se bornoit à observer que M. Damas s'étoit suffisamment expliqué dans sa proclamation.

Ces lettres n'ont point découragé vos députés. Ils auroient pu se rappeler que dès le principe de la négociation, le désarmement et la suspension des hostilités avoient été proposés ; mais qu'aucun parti n'avoit voulu faire de sacrifices. Ils pouvoient réfléchir encore, qu'amusés par les uns, éconduits par les autres, après une longue persévérance que rien ne soutenoit, et qui n'a voit plus de but, il étoit tems d'abandonner une médiation infructueuse, et de nous retirer.

Le besoin qu'ils avoient de s'en convaincre, les a fait insister auprès de M. de Damas, et du directoire, pour qu'on leur déclarât, d'une manière précise, si leurs propositions étoient acceptées ou rejettées.

Dans cet intervalle, ils ont reçu une lettre de votre assemblée qui nous invitoit à continuer nos travaux. A l'époque où vous l'avez écrite, nous étions encore à la Trinité ; mais elle n'est parvenue à la députation qu'après notre départ ; et mieux informés par le rapport qui vous a été fait de la position de la Martinique, vous avez tellement senti, Messieurs, la nécessité de notre retour que vous avez rappelé la section qui étoit restée au Fort-Royal.

Cependant le vaisseau du roi le Ferme s'étoit présenté devant ce port, et vos députés voulant faire connoître au commandant de ce bâtiment, le véritable état des choses, délibéroient de se rendre à son bord, quand ils ont été priés par les commissaires du Fort-Royal de faire cette démarche auprès de lui pour l'engager à protéger le commerce : plusieurs membres de la section se sont embarqués , dans cette vue , sous le pavillon parlementaire ; mais le vaisseau qui s'étoit mis en panne pour les attendre , dès qu'ils ont été à la portée de son canon, a continué sa route, et ils ont repris celle du Fort-Royal.

Ils y ont trouvé les réponses de M. de Damas et du directoire.

Ce corps écrivoit avec un peu d'humeur, qu'en leur disant qu'il s'en référoit aux pièces par lesquelles M. de Damas avoit fait connoître ses intentions, il croyoit avoir été clair et précis , et qu'il étoit inutile de tomber dans des redites.

M. de Damas après avoir répété ce qu'il avoit dit dans ses lettres précédentes, les invitoit à retourner auprès de leurs commettans, et à leur rapporter ce qu'ils avoient vu et ce qu'ils avoient appris avec l'impartialité du caractère dont ils étoient revêtus.

Ces réponses les ont enfin déterminés à reconnoître que tous les moyens de conciliation étoient épuisés; dès ce moment les députés de Sainte-Lucie ont annoncé le dessein de retourner dans leur colonie où leur présence étoit nécessaire. La séparation des deux députations s'est faite; et la section de la Guadeloupe, en communiquant aux commissaires du Fort-Royal l'*ultimatum* de M. de Damas et du directoire, leur a dit qu'elle alloit partir avec le regret de n'avoir pu réussir. Elle a informé aussi M. de Damas de son départ, et l'a prié de lui adresser sa réponse à Saint-Pierre où elle comptoit se rendre.

Comme elle s'embarquoit, deux batteries établies sur des mornes voisins ont commencé à tirer à boulets sur l'îlet à Ramier, poste occupé par la garnison du Fort-Royal, et le vaisseau le Ferme a lâché contre lui plusieurs bordées. Son feu et celui des deux batteries n'ont cessé qu'aux approches de la nuit. Les députés ont observé que l'îlet n'a point répondu au vaisseau du roi , et que son canon n'étoit dirigé que sur les batteries de terre et sur les chaloupes armées. Cette attaque avoit porté la terreur dans la ville du Fort-Royal; les vieillards, les femmes , les enfans s'étoient refugiés dans le Fort-Louis pour y chercher leur sureté.

Vos députés ont cru devoir suspendre leur départ, et ne l'ont effectué que le lendemain. Le vaisseau du roi les a fait visiter dans leur route par son canot armé. Ils ont vainement demandé à parler au commandant : on leur a opposé l'ordre exprès de M. de Damas qui défendoit toute communication du vaisseau avec des personnes sortant du Fort-Royal ou de Saint-Pierre, et ils se sont rendus dans cette dernière ville.

Conduits dans la salle des spectacles où l'assemblée générale étoit convoquée, ils l'ont instruite de leurs démarches, lui ont communiqué leur correspondance et ont reçu ses félicitations. A l'arrivée de la dernière lettre de M. de Damas, ils en ont fait part au conseil de ville. Cette lettre étoit conçue dans le même sens, renfermoit à-peu-près les mêmes termes que les précédentes. C'est alors qu'ils se sont embarqués pour se présenter à votre assemblée.

L'esprit d'union qui a régné parmi nous leur a fait désirer que le compte qu'ils avoient à vous rendre fût joint au nôtre, et que le même objet, les mêmes principes ayant dirigé nos travaux communs, la même plume les retraçât.

Signé Bébian, G. Audinet, Delrieu, Natoire, Guillermin jeune, Léonard, etc.

EXTRAITS

Des registres des délibérations de l'assemblée générale coloniale de la Guadeloupe, séante à la Pointe-à-Pitre, le 10 novembre 1790.

M. Quin desire de transmettre au public la conduite de la députation de la Guadeloupe à la Martinique, qui pourroit être exposée à des versions différentes, et demande qu'il lui soit permis de faire imprimer le rapport qu'en a fait M. Léonard.

Sur quoi il a été arrêté à l'unanimité des voix que le rapport de la députation sera imprimé aux frais de la colonie, au nombre de cinq cents exemplaires.

Signé sur le registre, Clairfontaine, président; Foulquier, Laveille, Duberceau, secrétaires; et Létang, secrétaire-adjoint.

Collationné. Roydot, Létang, secrétaires.

Du 15 novembre 1790.

M. Quin déclare que son absence de l'assemblée jeudi dernier, l'a privé des moyens d'appuyer une réclamation juste faite par les députés de Saint-Pierre, et à laquelle on n'avoit point fait droit. Ces Messieurs se plaignent de quelques erreurs qui se sont glissées dans le préambule du compte rendu par la députation de la Guadeloupe dont il avoit l'honneur d'être membre, Il croit que personne, en travaillant sur des notes peut-être infidèles, n'est à l'abri d'annoncer des faits qui n'ont point existé ; et la députation ne peut conscientieusement affirmer avec sureté, que des faits dont elle a été témoin pendant le cours de sa mission; et il conclut à réclamer que l'assemblée, en suivant les principes d'équité qui guident ses opérations, arrête que la révision du préambule de ce compte soit faite, et que l'on fasse droit aux observations des députés de Saint-Pierre, à ce sujet, dont il a donné lecture. Arrêté à l'unanimité que ledit préambule seroit révisé (1) avant de

___

(1) Cette révision a été faite conformément à l'arrêté de l'assemblée.

soumettre le compte à l'impression, et M. Quin invité à conférer avec M. Léonard, membre de députation, qui avoit été chargé de cette rédaction, afin de relever les erreurs dont on se plaint.

Signé Bondoire, président ; Létang et Roydot, secrétaires ; Quin, secrétaire-adjoint.

Collationné. Létang, Roydot, secrétaires.

Du 17 novembre 1790.

Sur la demande faite par quelques membres que les villes du commerce de France et l'assemblée nationale soient instruites de notre dernière députation à la Martinique, l'assemblée a arrêté que l'on porteroit à mille exemplaires l'impression du compte rendu. Il a été également arrêté qu'il seroit écrit à l'assemblée nationale, afin de l'instruire de la conduite des différentes députations de la Martinique auprès de cette assemblée.

Signé sur le registre, N. G. Bondoire, président; Létang, Roydot, secrétaires; Quin secrétaire-adjoint.

Collationné. Létang, Roydot, secrétaires; et Quin, secrétaire-adjoint.

Du 7 décembre 1790.

La seconde section de la députation conciliatoire de la Guadeloupe à la Martinique a été annoncée ; introduite dans la salle, M. Léonard, nommé par elle rédacteur de son compte, en a fait le rapport ; il a été généralement approuvé et signé par les membres de la députation entière. M. le président, en s'adressant à cette section, lui a réitéré dans les termes les plus obligeans, combien l'assemblée étoit satisfaite de son zèle et de sa persévérance dans la mission pénible qui lui avoit été confiée.

Signé sur le registre, Dégréaux-Duhau fils, président ; Darluc, Quin, secrétaires ; et Maurel, secrétaire-adjoint.

Collationné. Maurel.